SEGUIMOS TOMANDO LA TIERRA

LECCIONES DE CUATRO DÉCADAS DE PLANTACIÓN DE IGLESIAS

CON
WAYMAN MITCHELL
Y
GREG MITCHELL

EDITADO POR DAVID J. DRUM

PRÓLOGO POR HAROLD S. WARNER
Y
PRÓLOGO POR JUAN PABLO CARDO

KIDWELL
PUBLISHING

Table of Contents

Prólogo por Harold S. Warner

Se me ocurrió pensar en un *tema de Año Nuevo*: no una frase comercial sino un *mensaje del año*, algo que el Señor le estuviera comunicando a nuestra iglesia en este año. Puedo recordarlo perfectamente; me encontraba en la sala de oración en San José, CA cuando de repente me vino una palabra *clara e inconfundible*: *¡Incremento!* Comencé inmediatamente a tomar nota (los famosos apuntes borrador de Harold S.Warner) de los lugares de la Biblia donde se refleja este concepto. Y así llegué a la conclusión de que el incremento es mucho más que solamente el dinero, los números o las cosas. Lo que saltó a la luz no era el *año del incremento*, que sonaría inoportuno (cual fecha o época), sino *El Dios del Incremento*. Este es el verdadero Dios que rebasa cualquier momento, época o circunstancia. ¡Es el Dios del incremento! Esa es una maravillosa explicación de lo que ha acontecido en nuestro compañerismo en las últimas cuatro décadas.

El vocablo *incremento* viene del griego *auzano* que significa *crecer, incrementarse, o agrandarse*. Se refiere al **crecimiento de aquello que mora** natural o espiritualmente. El problema es que hasta cierto punto dicha palabra ha sido presa del Evangelio de la falsa prosperidad y las falsas expectativas o variables del éxito ministerial (*el ruido, los números y los dólares*). Lo que se reivindica y a lo que se nos convoca es una *teología bíblica* del incremento: el tener nuestros corazones y mundos *moldeados por la Palabra de Dios*. La Biblia habla del incremento de la *Palabra de Dios* (Hechos 12:24); el incremento de los *discípulos* (Hechos 6:7); el incremento del *amor* (1 Tesalonicenses 3:12); el incremento de la *fuerza* (Isaías 40:29); el incremento de la *revelación*; y el incremento de la *fe* (2 Corintios 10:15).

Notaba un evangelista, "Hete aquí la frustración de cada pastor al que predico, tiene que ver con el crecimiento. He estado todo el año con pastores que se sienten turbados por la falta de crecimiento, y he hecho hincapié una y otra vez en la raíz fundamental: es Dios el que trae el incremento y ellos necesitan personalmente darle el lugar a Dios para dicho incremento. Es Su iglesia la que Él construye a través de ellos." ¡Es por eso que no soy muy partidario del término *crecimiento de la iglesia* ni estaré pronto escribiendo un libro al respecto! Una opción más acorde sería *períodos de la iglesia*. Leslie Newbigin halló un equilibrio, a mi ver, en su libro *The Open Secret* , escribió: "Repasando la enseñanza del Nuevo Testamento, se tendría que decir, por un lado, que en los primeros días hay alegría por el rápido crecimiento de la iglesia, pero por otro lado, no hay evidencia de que el crecimiento numérico de la iglesia sea un motivo de preocupación fundamental. No hay ni una pizca de evidencia en las cartas paulinas para sugerir que él juzgara a las iglesias según la medida de su éxito en el rápido crecimiento numérico. [En ninguna parte se halla] esa ansiedad o entusiasmo en el crecimiento numérico de la iglesia". Propongo un mejor enfoque: *salud y testimonio de la iglesia*; cosas que pueden hacerse sin importar el período que fuese. Un sabio pastor dijo una vez, "Tú ocúpate de la profundidad de tu ministerio; y deja que Dios se ocupe del ancho".

Permíteme mostrarte tres cosas a considerar, que captan la esencia de la visión del *Dios del Incremento*.

La Expectativa Razonable

Esta expectativa es razonable pues Dios ha diseñado esta dinámica en la creación, porque está basada en la naturaleza de Su reino. *"Lo dilatado de su imperio y la paz no tendrán límite* (Isaías 9:7 RV60)." ¡Su reino es un reino que se incrementa o dilata! Por eso es que en la Parábola de los Talentos, la expectativa razonable del maestro era el incremento de los bienes que había confiado a sus siervos (Mateo 25:27). Al hablar de una vida de fe Pedro dijo, *"Porque si estas cosas están en vosotros, y abundan, no os dejarán estar ociosos ni sin fruto en cuanto al conocimiento de nuestro Señor Jesucristo* (2 Pedro

1:8 RV60)". El incremento real tiende a una visión moldeada e inspirada por la Palabra de Dios para nuestras vidas, nuestro caminar con Dios, nuestras relaciones, nuestras finanzas, y nuestra Iglesia. Tengo un amigo que por singulares circunstancias llegó al punto de considerarse un gran *comprador de iglesias*. ¡¿Lo que se destacaba para él era qué poca visión que hay en tantas iglesias!? Solo es cuestión de que la gente se sienta bien, cómoda, entretenida, y con muy poco contenido doctrinal.

La Dimensión Divina

Pablo, en su clásica descripción del ministerio, dijo, *"Yo planté, Apolos regó, pero el crecimiento lo ha dado Dios* (1 Corintios 3:6 RV60)". Nuestra esperanza y confianza es en el Dios que da el incremento. ¡Una vez más, la auténtica visión no se cierne en torno a una agenda egoísta, donde todo se trata de mí; sino que concentra el enfoque donde debe estar, en Dios, en Su persona, poder y reino! Pablo continúa diciendo, *"Así que ni el que planta es algo, ni el que riega, sino Dios, que da el crecimiento* (1 Corintios 3:7 RV60)." La versión traducida es, *"No es quien planta o quien riega el que está en el **centro** del proceso, sino Dios, quien hace crecer las cosas."* Lo que debemos procurar en nuestras vidas, iglesias y compañerismo es la realidad de una dimensión divina.

El Llamado Revolucionario

Estaba leyendo que un pastor le preguntaba a otro, "¿Qué has hecho para que la gente viniera?" Él esperaba oír cómo había iniciado distintos programas, enviado multitud de correos, dictado un estudio demográfico de su ciudad, alimentado a los pobres, y dado cátedra sobre *40 Días con Propósito*. El pastor respondió, "No hice nada más que ser fiel. Dios hizo la iglesia a través del diálogo entre la gente y su entusiasmo en Jesús y la iglesia." ¡Hmmm, qué concepto novedoso! ¡La gente entusiasmada en Jesús con una visión y predisposición de trabajar para el Señor! Este llamado y proceso está comprendido en las últimas palabras de Juan el Bautista. Mientras crecía el ministerio terrenal de Jesús, se terminaba el de Juan, y le preguntaron cómo se sentía al respecto. Y contestó, *"Es necesario que Él crezca, pero que yo mengüe (San Juan 3:30)."* ¡Este llamado nunca se ha revocado, y sigue vigente hoy día. Aún representa nuestro mandato!

¡Todos nos maravillamos por lo que Dios ha hecho en nuestro compañerismo! De aquí en más tenemos una grandiosa promesa a la que aferrarnos. Es la promesa por **más** en todas las áreas de relevancia. *"Porque todas estas cosas padecemos por amor a vosotros, para que abundando la gracia por medio de muchos, la acción de gracias sobreabunde para gloria de Dios (2 Corintios 4:15 RV60)!"* Este libro contiene principios que han sido nuestra guía, la visión que ha sido nuestra pasión, y el milagro que viene del *Dios del Incremento.*

Harold S. Warner

Prólogo por Juan Pablo Cardo

Realmente es un honor poder escribir unas palabras en este maravilloso libro, la edición en español será una gran bendición para todos los cristianos hispanoparlantes.

Hace un tiempo atrás leí un artículo muy interesante acerca de que una de las cosas que revoluciono la historia de la humanidad fueron los mapas!! Mapas? Claro que para nosotros en la era de los GPS y las comunicaciones satelitales es fácil decir: Y que tienen los mapas de revolucionarios?

Es que el mapa ayudó a las personas de su época a poder pensar en forma abstracta y poder ver una realidad más grande!! Déjame darte un ejemplo, Cuando tú ves un mapa de tu país reconoces que es tu tierra. Nunca la has visto en su totalidad pero sabes que está ahí, porque el mapa es una representación abstracta de una realidad física segura.

La palabra de Dios es el mapa que el Padre Celestial nos dejo a todos nosotros con la seguridad de que lo que está escrito en las páginas de la Biblia es una representación abstracta de una realidad espiritual inamovible y segura.

No se turbe vuestro corazón; creéis en Dios, creed también en mí. En la casa de mi Padre muchas moradas hay; si así no fuera, yo os lo hubiera dicho; voy, pues, a preparar lugar para vosotros. Y si me fuere y os preparare lugar, vendré otra vez, y os tomaré a mí mismo, para que donde yo estoy, vosotros también estéis. Y sabéis a dónde voy, y sabéis el camino. Juan 14:1-4 RV60

Jesús nos dejo bien claro que cuando lleguemos a su presencia no va a haber sorpresas, todo lo que está en la Palabra de Dios será lo que vamos a encontrar allí en el cielo.

Al decir Jesús: Y sabéis a dónde voy, y sabéis el camino. El nos está dejando claro que hay un camino que debemos recorrer y una tierra que debemos transitar y tomar para completar la gran comisión que El nos ha encomendado. Id por todo el mundo y hacedlos mis discípulos.

Así que este libro es otro "mapa" que está lleno de enseñanzas aprendidas a través de los años de caminar con Jesús por este camino maravilloso de la salvación y de cómo llevar a cabo el plan y la visión celestial que el Señor nos ha entregado como compañerismo.

Una de las cosas que más resalto de todo lo que está escrito aquí es que siempre que he tenido el privilegio de estar cerca del Pastor Mitchell, es una constante en todas sus conversaciones sobre muchos temas esta frase: Necesitas que Dios se involucre en lo que estás haciendo.

Parece a simple vista una frase muy común, pero en profundidad no lo es para nada, ya que para que Dios se involucre en lo que hacemos debemos llamar su atención y como te imaginaras siendo el Señor, el Creador del universo hay pocas cosas que podamos hacer que le llamen la atención.

Pero hay una cosa a la que nuestro Creador no se puede resistir y esa es la fe, porque la fe verdadera te va a llevar a vivir una vida cerca de Jesús donde el te pueda tocar, cambiar, transformar, dirigir y guiar.

El Pastor Mitchell dice: Yo creo en la Palabra de Dios, la amo, la vivo, la leo, es mi vida.

Entonces cuando la palabra de Dios se hace realidad en tu vida, la realidad del creador y el redentor de nuestras almas también se hacen reales en nosotros y entonces podemos decir como el Apóstol Pablo, en Filipenses 4:13 todo lo puedo en Cristo que me fortalece.

Este libro o este mapa como quieras llamarlo está lleno de sabiduría aplicada que te ayudara a ser más efectivo en tu caminar con Cristo hacia la meta de tomar la tierra que Dios nos ha prometido.

Espero que esta traducción al Español sea de ayuda y te de los recursos que necesitas en tu diario caminar con Jesús tomando la tierra para El.

Juan Pablo Cardo

La Visión Celestial
Por Greg Mitchell

> *Por lo cual, oh rey Agripa, no fui rebelde a la visión celestial... Hechos 26:19 RV60*

Pablo el Apóstol fue llevado ante el Rey Agripa para comparecer por los cargos en su contra. Ya estaba en los últimos días de su vida, y para explicar dónde él se halla hoy y dónde se supone que irá hasta que muera, narra la historia de dónde provino. Dice, "Hubo una visión". Fue una visión celestial o plan que exigió la obediencia de Pablo. En otras palabras, todo lo que él venía haciendo estaba acorde con la visión que Dios reveló.

Mientras trabajaban en un proyecto de construcción en la iglesia, los obreros estaban utilizando dispositivos GPS para calcular las medidas con precisión satelital. Consulté cómo hacían para calcularlas en el pasado cuando no había GPS, su respuesta fue lisa y llanamente, que era necesario tener puntos fijos a los cuales ajustarse. Si se tenían puntos altos de referencia que pudiesen verse, entonces se podía conocer la posición actual y alinearse con ellos. Si no había puntos altos de cierta forma tendrían que ser diseñados, de lo contrario no habría nada a lo cual ajustarse.

Cuando fui misionero en Sudáfrica hablé con un joven que dijo ser cristiano de una iglesia llamada Misión de la Fe Apostólica. Yo había leído sobre el avivamiento que dio origen a estas iglesias y su fundador John G. Lake, y entonces le comenté sobre la rica historia de su compañerismo. Y me miró confundido, pues obviamente nunca había oído nada al respecto. Proseguí de a ratos explayándome sobre John G. Lake y cómo Dios lo usó, a poco de comenzar el siglo, para plantar tantas iglesias que hoy se cuentan por miles en África. Y entonces este joven con una mirada espiritual en su rostro me dijo, "No vivimos del pasado, sino de lo que Dios está haciendo ahora y en el futuro".

El problema en cuestión es este: Se necesitan puntos de referencia. Si no sabes de dónde has venido entonces no tendrás nada con lo que alinearte que pueda determinar hacia dónde te diriges.

Quiero contar la historia de nuestro compañerismo y la visión que tenemos. ¿Cómo llegamos hasta aquí? ¿De dónde provino la visión? Esto nos suministrará puntos de referencia para saber dónde estamos. Es muy importante que lo entendamos para conocer el camino a seguir.

Los Preparativos para la Visión

La visión de nuestro compañerismo llegó a través de mi padre, el Pastor Wayman Mitchell. Antes que nada quiero que les quede bien claro que mis padres no eran gente asidua a la iglesia. Mi padre nunca en su vida había concurrido a la iglesia, y mi madre unas pocas veces de niña. Ambos eran pecadores que les gustaba fumar, beber, bailar y pelear...y esa era sólo mi madre! (Cuando hice esa broma por primera vez durante un sermón mi madre me confesó después que no estaba tan lejos de ser cierto). Ellos vivían en Phoenix, Arizona, y a la corta edad de veinticinco años padecieron una crisis en sus vidas; su hija primogénita Terry, mi hermana mayor, falleció súbitamente a los diez meses, de neumonía. Se imaginan la desesperación y la confusión que sintieron. Fue durante este momento crítico de sus vidas que mi tío George y mi tía Ione les testificaron. Fueron a la iglesia con ellos, donde experimentaron una fuerte conversión y un profundo cambio en sus vidas. Por la mañana mi padre estaba lleno del Espíritu Santo: comenzó a hablar en lenguas bien alto y a profetizar, y siguió y siguió por más de una hora, y luego la gente ya se había retirado y le pidieron a mi madre que cierre con llave cuando él terminase.

Desde los mismísimos comienzos de su salvación, mi padre ya tenía el deseo de hacer algo para Dios, y comenzó a testificar. No había muchos evangelismos organizados como hoy, más bien fue algo que le nació del corazón. Empezó a ir con un pequeño grupo a los parques de la zona de Glendale a testificar. Quería que otras personas experimenten lo que él experimentó y que conocieran las cosas maravillosas que Jesús había hecho en él.

El deseo de orar también estaba en su corazón. En nuestro compañerismo solemos tener oración cada mañana y antes de cada culto. En la iglesia donde se salvaron mis padres había reuniones de oración solamente una vez por semana, tan solo unos minutos los miércoles por la noche. Mi padre quería ser útil para Dios; quería ver más gente salva. A pesar de que en Phoenix la mitad del año hacen 38°C de temperatura, él oraba y clamaba a Dios cada mañana en un pequeño tinglado de estaño detrás de su casa.

Al querer ser usado por Dios decidió acudir a su pastor para obtener dirección. No había discipulado ni iglesias plantadas, la única respuesta que había era la Escuela Bíblica. Entonces, decidió empacar con su familia y se mudaron a Los Ángeles, California para asistir a la Escuela de Vida Bíblica. No resultó ser nada de lo que esperaba. Por un lado, ¡muchos de los alumnos que iban con él ni siquiera eran salvos! Como eran conflictivos sus padres los mandaban allí con la esperanza de que les hiciera bien. Así que debido a su profunda conversión, comenzó a trabajar y apoyar a su familia mientras concurría a la escuela y así hacer algo para Dios, mientras que la mayoría de los alumnos rara vez se toman en serio el ministerio. El otro factor desalentador era la incredulidad de los profesores; enseñaban la Biblia y en realidad no creían en ella; no creían en el rapto, en hablar en lenguas, o en la sanidad. Pasó la mayoría de los años en la Escuela Bíblica discrepando con sus profesores que la Biblia es veraz. Comenzó también a darse cuenta de que ninguno de sus profesores eran pastores exitosos. La razón por la cual enseñaban era que no habían sido capaces de levantar una iglesia; trataban de enseñarle a la gente cómo hacer algo que ellos mismos no podían hacer. Todo esto le provocó una decepción a mi padre respecto de todo el concepto de la Escuela Bíblica.

De todas formas se graduó y se hizo pastor en la Iglesia Cuadrangular. Cuando comenzó su ministerio le dieron iglesias muy pequeñas con problemas muy serios. Aún así se abocó de lleno con todo su corazón. Los programas para niños eran el método que le habían enseñado en la Escuela Bíblica para levantar iglesias y alcanzar al mundo. Se habían basado en un versículo de Isaías que dice, *"y un niño los pastoreará* (Isaías 11:6 RV60)."* La teoría se basaba en que si se elaboraban programas logrando que más y más niños viniesen, ellos a su vez harían que sus padres viniesen y así se podría alcanzar a todo el mundo. Entonces mi padre se dedicó de lleno a los programas de la Escuela Dominical para niños. Hizo todo lo que le enseñaron; juegos tales como regalar enormes barras de chocolate y que los niños le quiebren discos de vinilo en su cabeza si lograban un record de asistencias. Los niños concurrían, pero él pronto se desanimó con este método, pues él había experimentado una poderosa conversión y arrepentimiento del pecado y eso era lo que él quería ver. Finalmente se dio cuenta de que lo que estaba haciendo no tenía sentido. Lograr que los niños concurrieran no significaba que los padres fueren necesariamente a hacerlo. Supo instintivamente que si un padre se salvaba, traería a su mujer y sus hijos a la iglesia; pero eso no estaba ocurriendo bajo este método que le enseñaron. Con el tiempo, quedó profundamente desilusionado.

Y entonces, ¡renunció! En medio de una serie de eventos y diversas tareas eclesiales se empezó a cansar de las políticas denominacionales y de los programas que no motivaban una conversión tal como él la había experimentado y querido ver en otros. Citó a su supervisor de área y le dijo, "¡RENUNCIO! Se acabó. Ya entregué las llaves y no regresaré, se terminó, me voy del ministerio." El supervisor respondió, "Bueno, antes de que te retires, hay una iglesia que se ha inaugurado en tu pueblo natal en Prescott, Arizona, quizá estarías interesado en echarle un vistazo, dado que eres de la zona." Y nuevamente, se trataba de una iglesia con muchos problemas: el pastor y su hijo habían cometido ambos adulterio y se habían escapado con mujeres de la iglesia. La mayor parte de la congregación se había apartado, sólo habían quedado unos pocos. Sin saber por qué, mi padre aceptó considerar esta última propuesta.

Durante el viaje conversó con mi madre al respecto; ellos sabían que en este pequeño grupo de personas había dos matrimonios de casi treinta años de edad, el resto era gente mayor. Mis padres convinieron que de comprometerse estos matrimonios a quedarse en la iglesia, ellos tomarían el pastorado. En caso contrario, renunciarían al ministerio conjuntamente, ese fue su acuerdo. Llegaron al Valle de Prescott y fueron al restaurante donde estas dos mujeres (las esposas de los matrimonios jóvenes) trabajaban. Se presentaron y les dijeron que estaban pensando en ir allí para pastorear la iglesia. Mi padre les aseguró que nuestra familia vendría si ellas se comprometían a quedarse en la iglesia. Luego de conversarlo dijeron, "Bueno, si ustedes vienen nosotras nos quedamos, prometemos quedarnos". Una de esas señoras es Sharon Allen quien toca el órgano en la iglesia hasta el día de hoy, y su marido Bob – nuestro líder de ujieres y piloto de avión de la iglesia. Y entonces, en enero de 1970 nos mudamos a Prescott, Arizona, y el Pastor Mitchell se convirtió en el pastor de la iglesia.

Revelando la visión

El Evangelismo

El evangelismo es el principio fundacional que nos define y determina nuestro compañerismo. El uso de la música como herramienta para alcanzar almas se ha ido desarrollando desde sus humildes comienzos. Dos matrimonios jóvenes fueron salvos y comenzaron a concurrir a la iglesia. Como mi padre comenzó a involucrarse con las almas necesitadas le contaron del gran interés que la gente joven tenía en la música, y le aseguraron que un recital los acercaría a la iglesia. Era una idea genial, pero obviamente se necesitaba una banda y una consola de sonido para organizar el recital, nada de lo cual tenía la iglesia. Estos dos jóvenes dijeron que podían tocar algo de guitarra, y tenían un amigo que fumaba marihuana que quería tocar, y esa fue la banda para el primer recital. Mi padre alquiló el viejo salón Boys Club y una consola de sonido que equivaldría a un equipo de estéreo hogareño de hoy. Imprimió unos panfletos escritos a mano anunciando el gran evento y los repartieron por el pueblo. Esa noche tuvieron alrededor de 250 personas de las cuales 50 respondieron al llamado del altar por salvación. Cuando compartí esta anécdota recientemente en la iglesia de Prescott, una señora me contó cómo se había convertido en aquel primer recital, y aún hoy sigue aquí luego de tantos años.

Con este tipo de acontecimientos queda claro que nuestro llamado consiste en llevar el evangelio más allá de las cuatro paredes de la iglesia, en vez de quedarnos sentados adentro esperando que los pecadores se acerquen de alguna manera. Mi padre se enteró de lo que Dios estaba pretendiendo, lo que hoy llamamos el Movimiento de Jesús. Se dirigió junto a algunos jóvenes a la Playa Huntington en California; fue allí que divisó a un hombre llamado Larry Reed que estaba predicando el evangelio valerosamente allí en la playa. Al ver eso y luego de haber asistido a algunos recitales "de café-bar" ministeriales, supo que esto era lo que él deseaba. Supo que tenían que confrontar a los pecadores en el lugar que se hallaren. Por eso mi padre invitó a Larry Reed para que compartiera su bagaje en Prescott y cuadraron una fecha. Él creyó que Larry iba a venir con una multitud y una banda numerosa, pero cuando llegó eran sólo él y dos chicas heroinómanas nuevas conversas que tocaban la guitarra acústica. A pesar de ello, durante ese fin de semana por primera vez la gente de la iglesia fue a la plaza principal y predicaron y declararon valerosamente a Jesucristo en las calles. En la Feria Municipal local se subieron a unas mesas a predicar el evangelio y cuatro personas fueron arrestadas. Esto alimentó los periódicos y causó un cierto revuelo; comenzó a circular el rumor de que en la iglesia se corrían drogas a la orden del día. ¡Al siguiente servicio la iglesia estuvo llena! Los jóvenes tenían que estar al tanto.

El Pastor Mitchell arribó a la conclusión de que nuestro llamado consiste en crear una plataforma para declarar el Evangelio; ya sea buscando una multitud u originándola para así transmitir la Palabra. Dieron comienzo al ministerio de recitales semanales. Durante años se llevó a cabo los viernes y sábados por la noche, y los jóvenes colmaban el lugar. Daban películas. En 1970 sólo había dos películas cristianas para elegir, pero las proyectaban una y otra vez pues ello originaba una multitud. Iban también a toparse con la multitud en un partido de fútbol o en la plaza principal. Donde sea que la gente se reuniese era considerado un lugar para declarar el evangelio.

Ya desde los primeros días de este avivamiento surgió el deseo de expandir nuestro alcance. El Pastor Mitchell quería que otras personas tuvieran lo que él estaba experimentando en Prescott. Los ministerios de ciudades vecinas se estaban enterando de cómo se movía Dios en los jóvenes, y pedían ayuda para poder vivirlo en sus comunidades. Y es allí donde nacieron los grupos de impacto. Los hermanos de la iglesia se subían a varios coches y viajaban a Phoenix, Cottonwood u otras ciudades vecinas para hacer llegar el evangelio de Jesucristo. Nuestro llamado es el evangelismo; cada creyente es convocado a dar testimonio. Esto es parte fundacional de nuestra visión dentro del compañerismo.

El Poder de la Iglesia Local

Muchos cristianos creen que una iglesia local no es suficiente. Este concepto se arraiga en la creencia de que para alcanzar a la ciudad tenemos que juntar a todas las iglesias para luego recién adquirir poderío. Una única iglesia local es insuficiente. El movimiento Para-Eclesiástico también se deriva de esta creencia de que la iglesia local es ineficaz o débil. Se trata de grupos que surgen para ayudar en las funciones específicas de la iglesia como la alabanza, el evangelismo o sobretodo el entrenamiento de obreros. La mayoría de las iglesias del mundo funcionan así.

Muchos de los jóvenes que se estaban salvando comenzaron a adoptar una visión de ser utilizados por Dios. Varios acudieron al Pastor Mitchell para obtener dirección y él les ofreció la única opción que conocía, la de ir a la escuela bíblica. Envió allí a dos jóvenes para que se entrenasen y sean hombres de Dios, pero ambos perdieron su fuego y empezaron a creer en cosas raras. La escuela los había arruinado. Mi padre sabía que tenía que haber otro camino. Dios comenzó a revelarle el plan de alcanzar al mundo a través de la iglesia local. En otras palabras, todo lo que Dios vaya a hacer sobre la tierra vendrá a través de la congregación local; ya sean misiones, entrenamiento de obreros o lo que fuere, será dentro de y a través de la iglesia local.

Y sometió todas las cosas bajo sus pies, y lo dio por cabeza sobre todas las cosas a la iglesia, la cual es su cuerpo, la plenitud de Aquel que todo lo llena en todo. Efesios 1:22-23 RV60

Al principio no comprendió el profundo alcance de esta visión, pero al transcurrir el tiempo vio que Dios estaba restaurando el entendimiento y la dignidad de la iglesia local. Con el tiempo comprobaría que esto comprende muchas áreas; desde el entrenamiento de hombres hasta la manera en que cumplimos con nuestro cometido.

El Discipulado

¿Cómo entrenaba hombres Jesús? Los judíos tenían muchas escuelas rabínicas para aprender las escrituras. Pero Él no envió hombres a la escuela. El método que utilizó Jesús fue la instrucción práctica. Es decir 1) la impartición de su espíritu y visión. 2) ver un ejemplo divino y cómo trabajaba en el día a día en distintas circunstancias. 3) involucró a los discípulos en el entrenamiento práctico.

Este era el método del Pastor Mitchell desde aquellos tiempos. Él no iba con la moda de los jóvenes que llegaban a la iglesia. Tan solo imagínense a mi padre vistiendo zapatos blancos y pantalones verde lima. No intentó parecer un "tipo buena onda" con los hippies, más bien les enseñó a organizar los recitales, a predicar, y a evangelizar. O lo hacían con éxito o fracasaban. El énfasis estaba en trabajar el carácter y contagiarse del espíritu de avivamiento que emanaba del corazón de su pastor. En la Escuela Bíblica todo lo que tienes que hacer es aprobar los exámenes. Puedes estar golpeando a tu esposa, ser un pornoadicto y un ladrón, pero mientras tengas una buena nota enseguida te dan el diploma y te consideran un hombre de Dios. En cambio el discipulado se basa en qué clase de hombre eres. La Biblia nos cuenta las cosas que deben verse en un hombre de Dios y cómo trata a su esposa, cómo cría a sus hijos, cómo usa su dinero, y cuál es su testimonio práctico. (1 Timoteo 3:1-13; Tito 1:6-8). El énfasis es en el carácter, el espíritu, el dar fruto, y en la efectividad en el ministerio.

Plantar Iglesias

Plantar iglesias es el resultado natural del discipulado. En los primeros tiempos en que enviábamos grupos de impacto a las iglesias necesitadas, hacíamos un recital por la tarde luego de haber estado en la calle evangelizando, predicando y repartiendo invitaciones para el evento. No era raro ver de cincuenta a aproximadamente cien personas salvas en un solo día de esfuerzo. Era un gran impacto, pero luego nos despedíamos y volvíamos a casa. El problema era doble:

Por un lado, muchos de los que se salvaban no eran gente distinguida asidua a la iglesia; eran sucios, olían mal, y sus vidas eran un desastre total.

Abandonábamos a todos estos conversos a quienes la mayoría de las iglesias rechazaban. Éstas querían gente religiosa y pulcra como ellas mismas (En uno de los primeros grupos de impacto a Phoenix, una joven dama de la iglesia que estaba ayudando vio a los hippies de aspecto extraño que habían llegado al recital por el evangelismo y le dijo a mi padre, "¡Wayman, espero que sepas lo que haces!"). Con lo cual todos estos nuevos conversos terminaban siendo rechazados, despreciados, y con el mensaje de no ser bienvenidos.

Por otro lado, si eran aceptados, no tardaban en convertirse en cristianos tibios llenos de doctrinas extrañas. Esto fue una desilusión para los obreros, y obviamente no funcionaba. El pastor Mitchell se dio cuenta que lo mejor era contar con un hombre en estas ciudades que tuviera el mismo espíritu y visión que él. Pensó, "Debemos tener hombres que compartan nuestro amor por el evangelismo, que amen a estas personas, les den la bienvenida y trabajen con ellas, que crean en las doctrinas que creemos para que estos conversos sean afianzados en la verdad." Y concluyó que la única manera en que eso suceda es si comenzábamos a entrenar hombres y plantarlos en estos pueblos y ciudades. Cuando expuso esta idea a la congregación todos la apoyaron con fervor.

El primer matrimonio convocado y entrenado en casa para ser enviado fue el de Harold y Mona Warner. Se anunció que irían a un pequeño pueblo llamado Kearny, Arizona. Allí había un grupo de cristianos que necesitaban un pastor y habían oído lo que Dios estaba haciendo en Prescott. Harold y otro hermano fueron a hablar con ellos y a analizar la zona antes de establecerse allí. Ese día testificaron y predicaron en un desfile de carrozas, lo cual básicamente enloqueció a estos feligreses haciéndolos cambiar de opinión. Decidieron que eso no era lo que querían; sintieron que el estilo de nuestro evangelismo ofendía a la gente y le dijeron a Harold que se volviera a casa. En el viaje de regreso a Prescott para comentar la situación con el pastor Mitchell, trágicamente

10

sufrieron un horrible accidente. Estaba lloviendo y su automóvil se deslizó fuera de la ruta; Harold se fracturó la espalda y quedó paralizado de la cintura hacia abajo.

Se podrán imaginar el ánimo sombrío en la iglesia de Prescott luego de lo ocurrido. Se generó una protesta entre algunas personas de que aquello era una señal de que este asunto de plantar iglesias evidentemente no era de Dios, y de que estaba apartando su bendición. Pero mi padre supo que hay una regla fundamental en la vida y es que una vez que Dios revela su voluntad tú no le das la espalda sólo porque las cosas no salen según lo planeado. En el servicio siguiente del domingo por la mañana el Pastor Mitchell se puso de pie y declaró, "No sólo no nos retractaremos de continuar plantando iglesias, sino que por cada una que el diablo ataque como a esta enviaremos a cien más en su lugar." Alentó a los matrimonios a persistir aquel día y responder al llamado de ir y pionar una iglesia, y muchos accedieron. Así que mientras Harold se recuperaba en el hospital, se plantó la primera iglesia en la metrópolis de Wickenburg, Arizona. Wickenburg en aquel entonces eran mil ochocientos vaqueros; esa era toda la población. Enviamos a una pareja que hizo exactamente lo que se les había enseñado en Prescott, y descubrieron que funcionaba. La gente comenzó a salvarse tal como en Prescott y en menos de seis meses ya era una congregación totalmente autónoma. Tres meses luego de haber recibido el alta del hospital, Harold y Mona Warner fueron enviados a Tucson, Arizona donde residen hasta el día de hoy.

Otros matrimonios comenzaron a ser convocados. No se trataba solo de que el pastor Mitchell destinase hombres aquí o allí, sino que la gente comenzó a hablarle de ciertas ciudades que ellos sentían dentro suyo que necesitaban iglesias que fueren plantadas. Comenzamos en un inicio a expandirnos por nuestros alrededores en Arizona, y luego Nuevo México, pero fue la gente la que abrazó la visión y sintió el llamado de ir a aquellos lugares donde no había avivamiento y así alcanzarlos con el evangelio. Esto originó la visión de dar a luz nuevas iglesias con obreros a quienes entrenamos para que den testimonio de lo que viene sucediendo en su iglesia madre.

Evangelismo Mundial

Parece muy sencillo decir ahora que el evangelismo mundial significa <u>todo</u> el mundo. Sin embargo, para la iglesia de Prescott de mediados de los setenta, ello consistía en una ampliación de la visión que no se dio automáticamente. Recuerdo que en aquellos días nos íbamos de vacaciones con la familia a lugares donde mi padre creía que se podría plantar una iglesia. En uno de esos viajes cuando aún yo era chico fuimos al increíble complejo turístico de Nogales, Arizona. Un joven de la iglesia de Prescott justo vivía al otro lado de la frontera, del lado mexicano de Nogales, Sonora. Él había residido ilegalmente en E.E.U.U. y había ido a Prescott a buscar empleo. Alguien le testificó y experimentó una fuerte conversión. Se quedó allí lo más que pudo pero al final era evidente que iba a tener que regresar a México. Plantamos una obra en Nogales, Arizona; no anduvo muy bien; venían luchando con los poquitos que trataban de salvarse y no mucho más que eso. Sin embargo, cuando el obrero cruzaba la frontera para visitar al converso de Prescott, un grupo bien numeroso se reunía dado que él había estado testificándole a su familia y amigos. Luego de que esto continuó por un tiempo, el obrero le comunicó al Pastor Mitchell la brillante idea de trasladar la iglesia al otro lado de la frontera en México, lo cual implicó un paso tan significativo que apenas podemos hoy apreciar. Hubo toda clase de preguntas y mucha ansiedad, pero al final se tomó la decisión de plantar la iglesia en Nogales, Sonora. Y casi al instante comenzó a estallar en avivamiento. ¡El "Compañerismo de Arizona" ahora era internacional!¡Dos naciones!

La nación siguiente fue Holanda. El pastor Mitchell recibió una invitación de un conocido de la Escuela Bíblica que ahora era pastor en Holanda. Durante ese viaje hizo algunos primeros contactos y entonces plantamos una obra allí. Ésta comenzó a prosperar, tal como la de Prescott.

Luego, en 1977, otro amigo de la Escuela Bíblica invitó al pastor Mitchell a predicar en Australia. Estuvo alrededor de un mes predicando en distintas ciudades del oeste australiano, sin saber nada de la cultura local. Él sencillamente anunciaba el evangelio tal como lo hacía en Prescott, y para su propio asombro, la gente respondía tal como lo hacían en casa.

El Pastor Mitchell llega a la conclusión de que el evangelio funciona en cualquier lugar que se predique. Funcionó en Prescott, luego en México, luego en Holanda. Y ahora Australia pasó a ocupar la atención de su corazón. Pensó que de tener iglesias allí con hombres que creyeran como nosotros, podríamos tener un poderoso avivamiento en esa nación. En 1978, por primera vez levantamos a una pareja e instamos al cuerpo de conferencias a apoyarlos económicamente para que fueran enviados no a la provincia contigua sino al otro lado del planeta, a Perth, Australia Occidental. La visión era fundar una iglesia tal como la de Prescott que sea capaz de entrenar obreros nacionales para que puedan alcanzar a su propia gente y por consiguiente continuar la obra ellos mismos. ¡La obra allí estalló en avivamiento y vimos que esto es realmente "La Visión Celestial" que funciona en todo el mundo!

Estos cinco sencillos principios constituyen la base que define nuestro compañerismo y son vitales para mantener el rumbo que Dios ha provisto: Evangelismo, la importancia de la iglesia local, el discipulado, el plantar iglesias, y el evangelismo mundial. Este modelo aún funciona. Puedes reunir una multitud, atraer una multitud, predicar el evangelio, hacer que se salve gente, otorgarles un sentido de ministerio, estimular su llamado, discipularlos, reunir finanzas, y plantar iglesias. Funciona en todo el mundo; en cada nación en que hemos plantado un obrero.

Creyendo e Incorporando La Visión

¿Qué tiene que ver todo esto contigo, el lector? Cuando alguien tiene una visión y empieza a compartirla, el factor determinante es cuando la gente cree e incorpora dicha visión. Eso significa que si la aceptas, entonces predispones tu corazón y tus acciones hacia ella. Quiero ser francamente honesto contigo; la visión aquí descrita es muy costosa. Alcanzar el mundo, ver auténticos conversos, levantar discípulos y tocar a las naciones es muy costoso. ¡Si buscas una iglesia que no te quite mucho tiempo personal, no vengas a una de las nuestras porque lo que hacemos es increíblemente costoso! Puedo recomendarte muchas iglesias carismáticas que no te pedirán que hagas nada. No les importa si concurres o no porque no pretenden hacer lo que nosotros estamos haciendo. Ellas hacen "iglesia", nosotros alcanzamos el mundo. Si buscas una iglesia que no te pida mucho dinero, no vengas a una de las nuestras porque lo que hacemos es increíblemente costoso. Como de costumbre, cuando plantamos un obrero en el extranjero en un lugar remoto, luego de haberlo mudado allí, de darle un vehículo, de comprarle el equipo y de conseguirle un lugar de reuniones, ya hemos gastado alrededor de sesenta mil dólares más o menos. ¡Tuvimos un obrero hace unos pocos años; en los primeros siete meses costó ciento cuarenta y cuatro mil dólares! Lo que hacemos es costoso; vale la pena, pero es muy costoso. No se puede jugar con esto, ni aventurarse, requiere de gente que asimila la visión y se compromete de lleno con ella.

Yo experimenté una muy poderosa conversión cuando fui adolescente. Abandoné los pecados más graves en los que estaba involucrado, pero en lo concerniente al destino de mi vida, yo tenía mis propios planes. Yo quería que Dios me ayudara en mis relaciones, que resolviera mis problemas, que me consiguiese un trabajo, y dinero. Nunca me fijé en lo que Él quería, todo se trataba de mí. En 1981, cuando tenía 17 años, mis padres se mudaron a Perth, Australia Occidental, para tomar el pastorado de la iglesia de allí. Fue como retroceder diez años en el tiempo; parecía la iglesia de Prescott en sus primeros días del Movimiento de Jesús. Estaban teniendo una poderosa manifestación de conciertos semanales donde miles de jóvenes se estaban convirtiendo radicalmente. Luego de ver esto decidí mudarme allí con ellos, a pesar de que estaba por graduarme de la secundaria. Poco tiempo después, en una clase de discipulado, mi padre estaba explicando cómo preparar prédicas. Yo estaba al fondo mirando a los jóvenes que estaban reunidos, y Dios me habló de la visión celestial para mi vida. Me dijo que quería que yo predicara. Esa noche al regresar a casa le conté a mi padre que Dios me había hablado de Su llamado para mi vida.

Al poco tiempo después tuvimos lo que se llamó un almuerzo formal visionario. Básicamente, una tarde luego de la iglesia comimos un pollo y el pastor Mitchell habló de la visión en Australia y su iglesia en Perth. Solo trajo un mapa de Australia, comentó sobre el discipulado y la plantación de iglesias, de dónde habíamos venido y lo que él veía en el futuro. Habló de alcanzar todas las poblaciones de Australia con el evangelio y de cómo algunos de los jóvenes presentes podrían ser los que Dios estaba llamando. Les pidió que comenzaran a mencionar lugares donde les gustaría ver iglesias. Y la gente empezó a citar nombres de localidades donde les gustaría ver iglesias plantadas. Yo nunca había estado en otra ciudad de Australia que no fuese Perth. No sabía dónde quedaban estos otros lugares y ni siquiera podía pronunciar la mayoría de ellos, pero mientras iban nombrando estas ciudades algo comenzó a despertarse adentro mío. Pensé que quizás podría ir allí, o allá. Una nueva conversa dijo que deberíamos enviar una iglesia a Kalgoorlie; dijo, "Hay cualquier cantidad de mineros allí, son todos pecadores y necesitan a Jesús." Y dio en el clavo; exactamente por eso necesitamos ir allí. Ese día alcancé una visión y me predispuse a ir donde sea que Dios quisiere enviarme.

¿Qué aspiraciones tienes para tu iglesia local?
Todo congregante debe elegir. ¿Solo quieres tener simplemente un refugio seguro y acogedor para la familia donde puedan sentirse resguardados del mundo? Lo puedes tener. ¿Sólo quieres asistir a un par de servicios por semana y oír bonitas prédicas sobre el cielo y las bendiciones de Dios? Tú decides. ¿O quieres alcanzar a los perdidos y causar un impacto en el mundo para Dios? ¿Quieres que tu iglesia sea una sede generadora de iglesias? Pues cada iglesia que plantamos debería erigir discípulos y plantar iglesias. Debes elegir. ¿Qué aspiraciones tienes para tu iglesia?

¿Qué estás dispuesto a hacer para llevarlo a cabo? Si quieres ser una sede generadora de iglesias, eso es costoso. ¿Cuál es tu parte en ello? ¿Estás dispuesto a pagar el precio con tu tiempo? Si vamos a alcanzar el mundo no podemos ser como todos los demás. Dios necesita hombres que sean irreprochables. Si pretendes ser cómodo no vas a alcanzar el mundo; si pretendes ser carnal y pecaminoso no puedes alcanzar el mundo. ¿Qué es lo que estás dispuesto a hacer para que tu iglesia cause un impacto?

Detente un instante a pensar dónde te gustaría ver plantada una nueva iglesia. ¿Es algún lugar de tu zona o en regiones lejanas? Jesús es el Señor de la cosecha. Hay una razón por la cual una persona es establecida en una ciudad o nación y otra no. Dios la coloca en el corazón de su obrero. Primero que nada empieza a orar por ese lugar; ora al Señor de la cosecha para que envíe obreros. Muchas de las iglesias con que hoy contamos son el resultado de las oraciones de los fieles. Nunca me olvidaré cuando tenía alrededor de diecinueve años, mi esposa y yo estábamos en una conferencia viendo un video sobre evangelismo mundial. Dios hizo algo en mi corazón por África. Mientras veía el video empecé a lagrimear y decirle a Dios que necesitábamos iglesias en África. Ni siquiera entendía cómo ello era posible para un pequeño niño blanco de Prescott, pero si Él me necesitaba yo estaba dispuesto.

Empecé a orar por África. No fue sino hasta años después que plantamos nuestras vidas en Sudáfrica, pero comenzó en oración. Ora por los obreros, pero considera que Dios puede llamarte a ser la respuesta a tu propia oración.

Yo era muy joven cuando respondí al evangelio. Fui enviado fuera de Perth, Australia, a pionar a los veintiún años; fui a una de esas ciudades citadas en aquel almuerzo visionario. Y desde allí he predicado por todo el mundo, literalmente, y he visto a Dios hacer obras maravillosas. Con los años he observado a algunos de mis colegas que eligieron un rumbo distinto; se volcaron a una carrera o al dinero. Ahora lucen sus bellos hogares con el césped bien cortadito, autos nuevos y una lancha en la entrada de cortesía. Pero no me arrepiento; ya a temprana edad alinee mi vida con la visión celestial y no lo cambio ni por millones. Si pudiese mostrarte algunos conversos que Dios me ha dado…algunos ya predican el evangelio y están plantando iglesias…¿Podría cambiar eso por una casa o una lancha? ¡Prefiero estar alcanzando el mundo!

Te animo a alinear tu vida con la visión celestial, este evangelio funciona. He visto a hombres de todos los colores, idiomas y culturas venir a Cristo; cuando alcanzan la visión causan un impacto en su entorno. Tú puedes causar un impacto si permites que Dios use tu vida. Ora ya mismo al Señor y dile que tú estarás dispuesto a ir cuando Él necesite que alguien vaya, y luego apoya esa oración con acciones. Si no eres llamado a ir, entonces dile a Dios que harás todo lo posible para asegurarte que otras personas puedan ir, pues ese es nuestro llamado. Debemos alcanzar el mundo para Cristo.

Doble o Nada
Por Wayman Mitchell

Oí la historia de un hombre que entró a un casino de Las Vegas con dos maletas; en una había setecientos cincuenta mil dólares en efectivo, la otra estaba vacía. Compró sus fichas, se acercó hasta una de las mesas de juego, y en una vuelta de rueda lo apostó todo. Era doble o nada. Y entonces ganó setecientos cincuenta mil dólares e hizo lo que la mayoría no se atreve a hacer; canjeó sus fichas por efectivo, lo guardó todo en sus maletas, se subió a un taxi y abandonó la ciudad. Se lo oyó decir, "La inflación está devorándolo todo tan raudamente, así que bien podría apostarlo todo, duplicar, o perder todo en definitiva." Interesante mentalidad ¿o no? No la recomiendo, desde luego. Los casinos de Las Vegas exhiben carteles de hasta tres millones de dólares que los más osados han embolsado. Una cosa que podemos decir de este hombre es que ha percibido correctamente las señales de su tiempo y la época en la que vive. Vio una oportunidad, la aprovechó, y apostó todo, doble o nada.

...nos ha parecido bien, habiendo llegado a un acuerdo, elegir varones y enviarlos a vosotros con nuestros amados Bernabé y Pablo, hombres que han expuesto su vida por el nombre de nuestro Señor Jesucristo. Así que enviamos a Judas y a Silas, los cuales también de palabra os harán saber lo mismo. Hechos 15:25-27 RV60

El llamado de Dios
La historia nos muestra muchos ejemplos de hombres que corrieron riesgos. Uno de ellos fue Pizarro, el explorador panameño-hispano que junto a su dotación de conquistadores ha padecido las adversidades de diez largos años en sus dos primeras expediciones. El calor de los desiertos, la hediondez de los pantanos y junglas, a los que les siguen el frío punzante de los cerros y el constante ataque de los indígenas salvajes han agotado la

vida de cada uno de sus hombres; hasta que llegaron a una instancia de decisión. Dos barcos aguardaban para llevarlos a Panamá. Pizarro tomó su espada y con gran determinación trazó una línea de este a oeste. Luego de observar a sus hombres, señaló el sur, donde habían atravesado tanta miseria, angustias, muertes e indigencia. Dijo, "Amigos y camaradas, este es el flanco de la muerte, de las privaciones, del hambre, de la desnudez, de los huesos y del abandono; el otro, es el del placer. Pueden irse al norte y ser pobres, o al sur a Perú y ser ricos. Que cada buen hispano elija el que le aproveche mejor". Ciento ochenta y tres valientes cruzaron la línea. Enseguida un bote puso proa hacia Panamá con los cobardes, mientras Pizarro y sus hombres zarparon en la otra embarcación hacia el Perú, y cambiaron el curso de la historia.

Sin duda has oído la historia de la llegada de Hernán Cortez a Veracruz, México, en 1615, y el comienzo de su dramática conquista de México. Tenía a setecientos hombres bajo su mando. Decidió incendiar las once embarcaciones que los habían traído de España, las echó al agua en el Golfo de México, y desde la costa contemplaron consumirse los únicos medios de escape que poseían. Luego de que el último rescoldo desapareciera bajo las olas, dieron media vuelta y se internaron en las profundidades de México, preparados para lidiar con lo que se les interpusiera en el camino. Cortez también cambió el curso de la historia.

En 1969 el mundo realmente enloqueció con los hombres que aterrizaron en la luna. Fue una tremenda hazaña que Neil Armstrong se convirtiese en el primer hombre que alguna vez haya pisado la luna. ¿Te imaginas a esos hombres sentados en aquella cápsula en Cabo Cañaveral, Florida, en plena cuenta regresiva? Nadie había logrado lo que ellos iban a lograr; nadie había caminado jamás sobre la luna. Se les cruzaron muchos pensamientos raros, tal como le sucedería a cualquiera frente a lo desconocido, pero fueron valientes y estuvieron dispuestos a tirar los dados.

El Evangelio nos llama a arriesgarnos. En este pasaje de la escritura encontramos una formidable declaración que concierne a Pablo y Bernabé. Ellos eran *"hombres que han expuesto sus vidas (Hechos 15:26 RV60)"*. Literalmente significa que se entregaron, se arriesgaron, y pusieron en peligro sus vidas; apostaron sus vidas por el nombre de nuestro Señor Jesucristo. El Evangelio no nos llama a un lugar donde todo es cómodo, donde se nos promete todo, y donde nuestro futuro está totalmente asegurado. Sino que somos como Abraham, quien *"salió, sin saber a dónde iba (Hebreos 11:8 RV60)"*. Somos llamados a arriesgar nuestras vidas. Apostamos nuestras vidas a la Palabra de Dios y a la experiencia que Dios nos ha dado en nuestro Señor Jesucristo.

La Biblia da testimonio de esta predisposición a arriesgarse. Jueces 5:18 nos habla de Zabulón y Neftalí, gente que puso en peligro sus vidas al extremo en defensa del territorio y del pueblo de Dios. Estaban decididos a conquistar o a morir; se lanzaron al grueso de la batalla. Dijeron, en esencia, *"¡O ganaremos, o moriremos!"*

Recuerdas cuando Mardoqueo le dijo a su sobrina Ester que el pueblo de Dios se hallaba en peligro luego de que el perverso de Amán aprobara una ley que exterminaría a todos los judíos. Le aconsejó que se presentara ante el rey y le haga una petición. Ester le confesó que hacía treinta días que no había sido convocada por el rey. En aquellos tiempos un monarca era un hombre al que nadie se acercaba, ni siquiera su cónyuge; el sólo hecho de estar en su presencia sin ser llamado constituía un riesgo de muerte. ¡Pero Ester dijo, *"y si perezco, que perezca (Ester 4:16 RV60)*! Ella hizo lo que hicieron los otros en la Biblia, se jugaron la vida.

Por eso, el llamado de Dios no es un llamado a la seguridad o a un futuro asegurado. No es un llamado con todos los recursos a nuestro alcance, sino que es un llamado a arriesgarse. La Biblia dice de Epafrodito, *"porque por la obra de Cristo estuvo próximo a la muerte, exponiendo su vida...(Filipenses 2:30 RV60)."* Esta es la mentalidad de un jugador; apostarlo todo en la primera ronda. Dios no nos llama a invertir nuestras finanzas en Las Vegas e intentar vencer todas las probabilidades, Dios más bien nos llama a mí y a ti a jugarnos la vida por el Evangelio. Epafrodito era un hombre de ese calibre; se jugó la vida por el llamado al Evangelio de Jesucristo. Se trata de un coraje atrevido. De hecho, en la iglesia primitiva había un grupo de personas llamado Los Aventureros, eran gente que visitaban cárceles y criminales desesperados. Les ministraban a gente físicamente maltrecha y con enfermedades contagiosas; eran discípulos que se metían en lugares tan horrendos para llevar el Evangelio, que fueron llamados Los Aventureros. Eran hombres tales como Pablo y Bernabé que se jugaron la vida. Una vez en Cartago, Egipto, hubo una plaga terrible. Los funcionarios estaban desechando los cadáveres y las reses muertas de los que se estaban muriendo al otro lado del muro, y no los enterraban ni por asomo. Cipriano, el encargado de la Iglesia de Cartago, reunió a los cristianos e inmediatamente los puso manos a la obra. La gente de la iglesia tomó los cadáveres y los enterraron; luego, comenzaron a ministrar a los enfermos y afligidos. La historia confirma que la ciudad de Cartago fue salva porque Cipriano y su equipo de aventureros arriesgaron sus vidas por la causa de Jesucristo. Como ves, el Evangelio es un llamado a arriesgarse. Este poema siempre me conmueve cada vez que lo leo:

> *Generaciones tras generaciones,*
> *¡Han bebido la copa de la vida, y se han luego*
> *esfumado!*
> *Lograron su Record Eterno,*
> *¡Luego se alistaron en el ejército de la muerte!*
>
> *¡Desaparecieron! ¡Ay, espantosas palabras!*
> *¿Dónde, a dónde han apaciblemente huido?*
> *Escaparon de nuestra vista y memoria,*
> *¡Los millones de muertos olvidados!*

Cada uno tras su fantasma preferido,
En su respectiva época;
O, a la luz de la eternidad,
Ha escrito cuidadosamente la sagrada página de la
vida.

El Tiempo es el momento clave,
Cuando se forma el carácter Eterno;
Cuando nos despojamos de la esperanza,
O, como vencedores, somos honrados.

Las épocas dieron curso a sus oxidados siglos
A través de la óptica del Tiempo,
Y he aquí ahora el TERRIBLE MOMENTO,
¡Es tu turno de vivir, y el mío!

¡Mi hora! ¡Ay, aterrador pensamiento!
¡Mi hora de actuar!¡Mi momento de vivir!
Oh, mi Dios, en tan estupenda ocasión,
Infinita inspiración Tú das!

¿Y si quiebro, en este espeluznante segundo,
El mítico hechizo del Pecado?
O, junto a millones de atolondrados,
Cambio Cielo por Infierno?

En la volición de mi albedrío,
Puedo aspirar a los Reinos de la Luz;
¡O, puedo fraguar cadenas Infernales
Que me aten en Noche Eterna!

Autor desconocido

¡Encendemos la caja boba y nos muestran un Evangelio corrupto y perverso que resplandece en la pantalla! Nos dicen cosas tales como, "Si tan solo recibes a Jesús, te harás millonario. Paz, vida y ángeles de Dios serán permanentemente tus ministros. Jamás tendrás incertidumbres, siempre conocerás a la perfección la voluntad de Dios, nunca padecerás escasez de finanzas, siempre tendrás gozo y bendición, y nada saldrá mal jamás." Estas cosas sencillamente no son ciertas. Vivir para Jesús es un llamado a arriesgarse. Isaías 28:6 dice que el Señor *"será por fuerzas a los que rechacen la batalla en la puerta* (RV60)." La batalla más cruenta siempre implicaba las puertas de la ciudad. Aquí el profeta está diciendo que Dios posee una dimensión especial que concede autoridad a aquellos que se arriesgan y gracia a quienes sacrifican sus vidas al límite. Tal vez nunca lleguen a predicar el Evangelio en el extranjero ni pastoreen una iglesia. Tal vez no sean un miembro destacado, pero cuidarán y se ocuparán de una congregación día a día, semana a semana y mes a mes. Sacrificarán su futuro por el Evangelio de Jesucristo.

La Mentalidad Opositora

Hay una mentalidad de jugar a lo seguro que ha dominado a nuestra generación. Cuando jugamos sobre seguro, algo sucede en nuestro interior que nos provoca miedo e indecisión. El interés propio comienza a entronizarse y nuestro espíritu se vuelve esclavo del instinto de conservación.

En el mundo de los negocios, la mayoría de las grandes corporaciones a las que identificamos con operaciones extraordinarias y exitosas han acumulado fracasos, tras fracasos, tras fracasos. Tienen éxito no por triunfar en cada labor que se hayan propuesto, sino porque corren riesgos. Hay una multitud de corporaciones de las que nadie jamás oyó hablar; nunca apostaron a nada; simplemente se secaron y murieron. El mundo de los negocios es un juego de riesgos. En política tenemos candidatos que quieren jugar a lo seguro, hacen campaña como si el país necesitara otro mandatario nuevo en vez de un líder que anuncie el destino que debemos seguir. Tienen miedo de decir lo que realmente creen y en general es difícil conocer su auténtica postura en las diversas cuestiones. Tal concepto se conoce como "lo políticamente correcto".

Nuestro texto dice que ellos *"han expuesto su vida por el nombre de nuestro Señor Jesucristo* (Hechos 15:26 RV60)."* Avanzaron hacia lo desconocido donde los milagros son posibles. Una iglesia o individuo que siempre opera dentro del marco de lo conocido están destinados al fracaso. Jamás experimentarán un milagro, una gran bendición o un éxito rotundo. Vivirán toda su vida en la mediocridad y lo más probable es que sean derrotados, una y otra vez. Amados míos, jugar a lo seguro significa que perderán las mismísimas cosas por las que se afanan en conservar. Jesús dijo, *"todo el que quiera salvar su vida la perderá* (Mateo 16:25 RV60)."* Dios no nos llamó a jugar a lo seguro.

Hay muchos predicadores que nunca predican nada polémico. Miles de personas llenan sus iglesias y no conocen la postura de su pastor en tal o cual tema. Tienen miedo de predicarle a la gente, quieren asegurarse de que todos estén juntos sin importar en lo que cada uno crea. Lamentablemente, muchos de ellos irán a la eternidad sin Dios porque jamás han oído el llamado al arrepentimiento. La iglesia no debe ser simplemente un encuentro religioso, sino que tenemos un mensaje. El mensaje de Cristo polariza a la gente y hace que se pronuncien a favor o en contra de él. Al cierre de mi prédica exijo un veredicto. Ofrezco un llamado al altar, una invitación a obrar según lo predicado, la persona puede aceptarlo o rechazarlo. Quizá siempre hay gente que se siente perdida en cada reunión y quiero darles la oportunidad de salvarse. Nunca conocerás las maravillas de Cristo hasta que des ese paso de fe. Tenemos que llevar el evangelio allí afuera y dejar que la gente se decida a favor o en contra de él. No habrá salvación ni liberación a menos que presentemos el Evangelio de Jesucristo lo más claramente posible para que los hombres se percaten de que deben decidirse a favor o en contra de Dios. La escritura dice, *"Acordaos de la mujer de Lot* (Lucas 17:32 RV60)."* ¿Quién era la mujer de Lot? Fue una mujer que no supo decidir si quería ir con Dios, o si prefería vivir en la inmundicia de Sodoma. Sodoma le era familiar y representaba su seguridad. La mentalidad de jugar a lo seguro es un obstáculo.

Si vamos a esperar gente perfecta para hacer funcionar el ministerio, si vamos a esperar el momento perfecto de la ciudad, las circunstancias ideales, y que todos los factores financieros estén en orden, entonces jamás veremos un milagro. Jamás veremos obrar a Dios. Somos llamados a darlo todo; nuestro llamado es a arriesgarlo todo. La mentalidad opositora prefiere jugar a lo seguro. Ya es hora de actuar. Vivimos en tiempos en donde la inflación arrasa con los ahorros. Mientras continúas allí sentado regocijándote al llenar tus bolsillos de dinero, pronto pierde su valor. Los tiempos nos exigen que tú y yo actuemos apasionadamente por Jesús, nos exigen que vayamos y lo demos todo por la obra de Jesucristo. El Diablo no está jugando, está decidido. No dormita ni se toma vacaciones, siempre va a la iglesia, y si no estás en tu asiento, él estará allí. No está bromeando, está apostando a la eternidad y por almas eternas. Está jugando todas sus fichas porque sabe que le queda poco tiempo.

Si alguna vez te has agarrado a trompadas, sabes que la mejor manera de recibir una paliza es permanecer defendiéndote. Tu rival te asestará una que te hará ver las estrellas. Mi papi me dijo: "Hijo, no te metas en peleas. No te metas en peleas, hijo, pero si no te queda otra," dijo, "quiero que ganes. Usa garrotes, cadenas, bates de beisbol, o lo que sea; pelea a lo perro y gato: araña, patea y desgarra." Ahora, siempre recuerdo lo que mi papi me dijo, y cuando me salvé, conocí un nuevo rival. Tenemos a un diablo que pelea en serio. Si piensas que simplemente podrás practicar un rato con él, ¿adivina qué? Está armado con nudillos de acero, garrotes y rocas grandes. Y si crees que solo vas a perder el tiempo, mejor abandona y arroja la toalla porque ya has sido abatido antes de comenzar. Él sabe que le queda poco tiempo y tú tendrás que jugarte el todo por el todo. Esta generación verá el regreso del Señor Jesús. Si no aprovechamos la oportunidad, la perderemos para siempre.

Recuerdo bien la historia de Ahitofel y Husai. Ambos eran consejeros del Rey David. Ahitofel se alió a Absalón, hijo de David. Cuando Absalón se levantó en insurrección, Husai se juntó con David, pero David le pidió que se quede y continúe como consejero para así desacreditar el consejo de Ahitofel. Cuando David huía por su vida hacia el río Jordán, Absalón le preguntó a Ahitofel: "¿Qué debemos hacer? ¿Saldremos tras él ya mismo, o esperaremos?" Ahitofel contestó: "Si no lo atrapas ahora que está confundido y perturbado, nunca lo capturarás". Era un buen consejo. Sin embargo, Husai dijo lo opuesto y convenció a Absalón de que esperase. Así perdió su única chance de derribar a David (2 Samuel 17:1-14).

En la Iglesia de Jesucristo pasa lo mismo; vivimos en tiempos en que debemos arriesgarlo todo. O sea, a todo o nada. Si solo vamos a jugar a lo seguro a la iglesia, entonces perderemos todo lo que tenemos. Nunca he comenzado a dar un paso de fe en la plantación de iglesias sin que el diablo desatase un escándalo. Satanás dice: "Anda nomás, que yo te destruiré; no tendrás dinero suficiente ni siquiera para pagar el franqueo de la carta que envíes por correo; mucho menos para sostener una iglesia." Y yo contesto: "Satanás, eres un mentiroso. La iglesia del Señor sobrevivirá, perdurará y reinará." Y cada vez que el diablo intenta sembrar discordia a la hora de plantar una iglesia, yo exclamo: "¡Plantemos dos! ¡¡¡Aleluya!!!" Estos son tiempos de doble o nada, y debemos hacer lo que Dios nos llamó a hacer.

Confianza Sólida

Tenemos una confianza sólida en la Palabra de Dios. Como creyentes, sabemos bien que una vez que nos metemos en el juego, no podemos perder. Hebreos 11 nos puede servir de estímulo a cada uno de nosotros. En dicho capítulo tenemos dos grupos de personas. Por un lado los que taparon bocas de leones, apagaron fuegos impetuosos, vieron muertos resucitar y obtuvieron grandes victorias. Asimismo, tenemos por otro lado gente que ha pagado con sus vidas, que fueron apedreados, aserrados en pedazos, tentados y muertos a filo de espada. Anduvieron de acá para allá cubiertos de pieles de ovejas, pobres, angustiados y atormentados. Pero, gracias a Dios, al finalizar el capítulo ambos grupos están en el cielo, y ahora nos miran desde arriba a ti y a mí para ver cómo vamos a jugar el juego y correr la carrera. ¡Todos ellos ganaron! ¡Tanto los que pagaron con sus vidas como los que gobernaron y reinaron! ¡Todos ellos están junto a Él! Están sentados esta noche en el gran anfiteatro del cielo observándonos y alentándonos: "¡Llegó la hora, vamos!" No puedes perder si te enrolas en el juego. ¡Los únicos que pierden son los que no participan!"

Yo estaba almorzando junto a un par de pastores nuestros y teníamos con nosotros un nuevo converso. Veníamos conversando sobre lo recientemente explicado y este nuevo converso prestaba mucha atención pues deseaba saber de qué hablan y qué hacen los pastores. Notamos cómo crecía su entusiasmo. Finalmente, no se resistió más y dijo algo muy sabio: "El diablo puede tener mejores trucos, pero nosotros tenemos mejores armas". Yo aduje: "De la boca de un bebé surge la sabiduría de Dios". Él ya conocía aquello en lo que todo creyente debe confiar: *"Si Dios es por nosotros, ¿quién contra nosotros? (Romanos 8:31 RV60)"*

Jesús les dijo a sus discípulos: *"¿No decís vosotros: Aún faltan cuatro meses para que llegue la siega? (Juan 4:35 RV60)."* Acababa de ministrarle a una mujercita que sacó de las profundidades del pecado. Había sido golpeada, usada y abusada. Su vida era una deshonra en la ciudad. Se había divorciado cinco veces y hasta el momento vivía en adulterio; pero Jesús tocó su corazón. Fue movida por la gracia de Dios, su vida se revolucionó de tal manera que la ciudad entera salió al encuentro de este hombre, Jesús. Ella era una trabajadora incondicional. En ese contexto, Jesús expresó estas palabras a sus discípulos, les dijo: *"He aquí os digo: Alzad vuestros ojos y mirad los campos, porque ya están blancos para la siega* (Juan 4:35 RV60)." Desearía que pudiésemos sentir lo que hay en el corazón de Dios por el evangelismo mundial. Desearía que pudiésemos sentir lo que Dios siente por cada pueblo y ciudad de todo el mundo. Nuestros corazones no deberían conformarse con sólo existir.

Durante el transcurso de David en el exilio, un día alzó su voz y clamó: *"¡Quién me diera a beber del agua del pozo de Belén que está junto a la puerta!* (2 Samuel 23:15 RV60)." Tres de sus hombres valientes lo oyeron y eran tan leales a David que arriesgaron sus vidas irrumpiendo en campamento enemigo para poder colmar su deseo. Pero él la derramó y dijo: *"Lejos sea de mí, oh Jehová, que yo haga esto. ¿He de beber yo la sangre de los varones que fueron con peligro de su vida?* (2 Samuel 23:17 RV60)". Mientras meditamos al respecto, piensa en multitudes que están sin el Agua de la Vida; multitudes que claman desesperadas. Si estos hombres, más allá de la lealtad a un hombre, arriesgaron sus vidas sólo para traer un poco de agua, cuánto más debemos arriesgar tú y yo que tenemos a un Salvador que nos ha dado el agua de la vida. Nuestro Salvador dejó la gloria del cielo, bajó a la tierra, padeció, derramó sangre y murió. Pagó el precio de nuestro pecado y fue enterrado. Se levantó nuevamente por el poder de Dios. Cuánto más debemos llevar el Agua de la Vida a aquellos a quienes Jesús ama y por quienes murió. Desearía que Dios nos lo hiciera ver que: *"Si Dios es por nosotros, ¿quién contra nosotros?* (Romanos 8:31 RV60)."

La Multiplicación
Por Wayman Mitchell

A poco de comenzar el pastorado, solía creer que para ser alguien verdaderamente espiritual, tenías que tener las suelas gastadas y apenas lo justo indispensable para comprarte unos frijoles y una pequeña hamburguesa como para ir sobreviviendo. Si tenías más que eso ya eras carnal. Pero Dios comenzó a tratar conmigo sobre algunas cuestiones en la Biblia. Me di cuenta que no había manera alguna de respaldar bíblicamente esa doctrina, y que la voluntad de Dios para mi vida era algo completamente diferente. Ni bien lo capté comencé a ponerlo en práctica, a proclamarlo y enseñarlo en la congregación, y me ha bendecido. Ha bendecido a todas las iglesias que he pastoreado.

Un gran número de cristianos pregonan esta mentalidad de la indigencia. Se creen que tenemos que ser un grupito de soldados intimidados, desanimados y zarrapastrosos resistiendo hasta el final. "Lo único que podemos hacer es sobrevivir. Ya no queda nadie, sólo tú y yo (y tú probablemente desaparezcas pronto). Sólo seremos mártires de Jesús, y esto es lo que el cristianismo está destinado a ser." Quizá ese sea tu caso, pero la Biblia declara que hay otro principio, incluso cuando las cosas no andan bien. Tenemos que abrazarlo, comenzar a creer y llevarlo a la práctica.

El libro de Éxodo nos relata la historia de los hijos de Israel cuando eran esclavos en Egipto y cómo Dios comenzó a manifestarse contra el poder del faraón para traer liberación. "Nos iremos al desierto para adorar al Señor," le dijeron al faraón, pero él replicó, "No harán nada de eso. Si quieren adorar, adoren aquí." Ellos contestaron: "¡No! Nos iremos tres días de viaje al desierto y le adoraremos." Y el faraón dijo: "Bueno, vayan, pero no podrán llevarse su ganado. Déjenlo aquí." La gente respondió: "¡No! Nos llevaremos lo que nos pertenece. El ganado debe ir con nosotros pues lo necesitamos para adorar y servir a Dios". El faraón dijo: "Está bien, pueden ir, pero sus familias deberán quedarse aquí." La gente nuevamente contestó: "¡De ninguna manera! Nos iremos con nuestras familias y nuestra esencia". Insistieron e insistieron y no estuvieron dispuestos a resignar lo que Dios quería para ellos y entonces el poder de Dios quebrantó la voluntad del faraón y al fin salieron de Egipto (Éxodo 5:12).

No estamos destinados en esta era a simplemente refugiarnos y mirar como todo se viene abajo. A mí no me cierra que sólo tú y yo y un puñado de tres o cuatro personas seamos los únicos que saldrán adelante. Estoy convencido de que somos parte de uno de los movimientos del Espíritu de Dios más grandes que haya habido. Dios está reuniendo a gente que ha descubierto la revelación de las escrituras, y se están levantando y creyéndole a Dios en tanto su herencia es en Cristo Jesús. Creo en que Dios nos lo quiere hacer saber.

Cuando hayas entrado en la tierra que Jehová tu Dios te da por herencia, y tomes posesión de ella y la habites, entonces tomarás de las primicias de todos los frutos que sacares de la tierra que Jehová tu Dios te da, y las pondrás en una canasta, e irás al lugar que Jehová tu Dios escogiere para hacer habitar allí su Nombre. Y te presentarás al sacerdote que hubiere en aquellos días, y le dirás: "Declaro hoy a Jehová tu Dios, que he entrado en la tierra que juró Jehová a nuestros padres que nos daría." Y el sacerdote tomará la canasta de tu mano, y la pondrá delante del altar de Jehová tu Dios. Entonces hablarás y dirás delante de Jehová tu Dios: "Un arameo a punto de perecer fue mi padre, el cual descendió a Egipto y habitó allí con pocos hombres, y allí creció y llegó a ser una nación grande, fuerte y numerosa; y los egipcios nos maltrataron y nos afligieron, y pusieron sobre nosotros dura servidumbre. Y clamamos a Jehová el Dios de nuestros padres; y Jehová oyó nuestra voz, y vio nuestra aflicción, nuestro trabajo y nuestra opresión; y Jehová nos sacó de Egipto con mano fuerte, con brazo extendido, con grande espanto, y con señales y con milagros; y nos trajo a este lugar, y nos dio esta tierra, tierra que fluye leche y miel. Y ahora, he aquí he traído las primicias del fruto de la tierra que me diste, oh Jehová." Y lo *dejarás delante de Jehová tu Dios, y adorarás delante de Jehová tu Dios. Y te alegrarás en todo el bien que Jehová tu Dios te haya dado a ti y a tu casa, así tú como el levita y el extranjero que está en medio de ti. Deuteronomio 26:1-11 RV60*

El Principio de la Multiplicación

Uno de los principios más grandes del Reino de Dios es la multiplicación. En el Antiguo Testamento podemos conocer una humanidad y una tierra creadas por Dios. El Señor lo consideró, los bendijo y posibilitó la multiplicación de todo cuanto les pertenecía. La Biblia dice: *"Y los bendijo Dios, y les dijo: Fructificad y multiplicaos; llenad la tierra, y sojuzgadla, y señoread en los peces del mar, en las aves de los cielos, y en todas las bestias que se mueven sobre la tierra (Génesis 1:28 RV60)."* En la creación vemos que Dios hizo a las plantas con una semilla adentro para que se reproduzcan por multiplicación. Dios llenó los océanos de peces, y en ellos estableció el mismo principio de multiplicación para que adentro suyo cuenten con la capacidad de reproducirse. En los animales vemos el mismo principio. Todo esto fue así para el beneficio de Su pueblo.

Luego del diluvio, cuando Noé salió del arca, Dios lo bendijo y le dijo: *"Mas vosotros fructificad y multiplicaos, procread abundantemente en la tierra, y multiplicaos en ella (Génesis 9:7 RV60)."* Este principio de la multiplicación era parte del pacto que Dios hizo con Noé y sus descendientes. Y especialmente involucró a un hombre llamado Abraham. La Biblia dice: *"Y lo llevó fuera, y le dijo: 'Mira ahora los cielos, y cuenta las estrellas, si las puedes contar.' Y le dijo: 'Así será tu descendencia.' Y creyó a Jehová, y le fue contado por justicia (Génesis 15:5-6 RV60)."* Cuando a Abraham le nació Isaac, le fue hecha la misma promesa. Dios se le apareció a Isaac diciéndole: *"Multiplicaré tu descendencia como las estrellas del cielo, y daré a tu descendencia todas estas tierras; y todas las naciones de la tierra serán benditas en tu simiente (Génesis 26:4*

RV60)." A Jacob, el hijo de Isaac, Dios le dijo: *"Yo te haré bien, y tu descendencia será como la arena del mar, que no se puede contar por la multitud* (Génesis 32:12 RV60)." Esta misma promesa viene reiterándose desde la creación, aparece en el pacto con Abraham y puedes verla continuarse claramente a través del linaje de David.

Este es un principio fundamental del Reino de Dios. El fruto contiene la semilla y Dios se mueve sobre la semilla con poderosa bendición. La semilla es llamada a salir y multiplicarse y esto se ve especialmente reflejado en el pueblo de Dios y en las cosas que tocan. Aún en condiciones adversas, el principio se cumple. Dios hará que la semilla germine, contra todo viento y marea, bendecirá la semilla y facilitará su desarrollo bajo su glorioso poder.

Esto lo vemos en los hijos de Israel cuando estaban en Egipto. Subieron a la tierra de Gosen y allí comenzaron a ser bendecidos por Dios. Eran descendientes de Abraham e Isaac, herederos de la promesa. Jacob, sus doce hijos y los hijos de éstos moraron en la tierra de Gosen, y como se iban multiplicando, los egipcios empezaron a tenerles miedo. Comenzaron a oprimirlos y a imponerles forzosas tareas. Incluso comenzaron a secuestrarles sus hijos varones y asesinarlos (recuerda la historia de Moisés). Sin embargo, a pesar de las adversas circunstancias, el principio de multiplicación seguía operando. Dice Dios en Su Palabra que cuanto más oprimía y afligía Egipto a los israelitas, más crecían y se multiplicaban (Éxodo 1:12). Setenta almas llegaron a Egipto y tres millones salieron de allí, al cabo de cuatrocientos años.

En el Antiguo Testamento, a la mujer que no podía procrear se la miraba con desdén; era rechazada y se creía que carecía del favor de Dios. Pero cada vez que ellas clamaban a Dios pidiendo liberación, Dios las oía en oración, las sanaba, y comenzaban a engendrar hijos.

A Abraham fueron hechas las promesas, y a su simiente. No dice: Y a las simientes, como si hablase de

32

muchos, sino como de uno: 'Y a tu simiente', la cual es Cristo…Y si vosotros sois de Cristo, ciertamente linaje de Abraham sois, y herederos según la promesa. Gálatas 3:16 & 29 RV60

La misma fuerza poderosa que estaba presente en las vidas de los descendientes de Abraham y que generó la multiplicación física del reino ahora opera en Jesucristo para engendrar hijos espirituales. Las mismas fuerzas de la multiplicación que hicieron de Israel un pueblo poderoso ahora operan en nosotros, los herederos espirituales de Abraham.

Hemos leído este pasaje de confesión: *"Un arameo a punto de perecer fue mi padre, el cual descendió a Egipto y habitó allí con pocos hombres, y allí creció y llegó a ser una nación grande, fuerte y numerosa* (Deuteronomio 26:1-11 RV60)." La escritura dice: *"…pero la palabra del Señor crecía y se multiplicaba* (Hechos 12:24 RV60)." Este principio de la multiplicación los acompañó y comenzó a operar poderosamente, en un gran número de creyentes en Jesucristo. Las multitudes creyeron y el número de los nuevos discípulos se multiplicaba donde sea que se dirigiesen los creyentes.

El siguiente día de reposo se juntó casi toda la ciudad para oír la Palabra de Dios. Pero viendo los judíos la muchedumbre, se llenaron de celos… Hechos 13:44-45 RV60

Y algunos de ellos creyeron, y se juntaron con Pablo y con Silas; y de los griegos piadosos gran número, y mujeres nobles no pocas. Hechos 17:4 RV60

Una vez que todo creyente le entrega su corazón al Señor mediante la fe en Jesucristo, el principio de la multiplicación es liberado en él. Donde sea que vaya, sea la nación que fuere, la raza, el idioma o la situación financiera, el poder de la multiplicación es liberado y multitudes son atraídas al Reino de Dios. Lo formidable es que va de la aritmética a la geometría. Con aritmética me refiero a uno, dos, tres, cuatro, y cinco; uno se salva y se incorpora a la iglesia, luego el otro, y luego el otro, y así uno a uno...gracias a Dios por las incorporaciones. Uno a uno es genial pero no es suficiente para alcanzar los siete billones de almas de este mundo. Lo que necesitamos es multiplicación. Lo que necesitamos es la promesa de Dios hecha a Abraham que no culminó con el linaje físico, sino que se aplica a todo aquel que cree en Dios por medio de Jesucristo. Dios le pidió a Abraham que mire a los cielos y *"cuente las estrellas, si logras contarlas* (Génesis 15:5)". Ese es el número de descendientes prometidos; no sólo adición, sino multiplicación. Geometría significa dos, cuatro, ocho, dieciséis, treinta y dos...y en un abrir y cerrar de ojos ya tienes miles a disposición. Consta en la Biblia: *"Pero la palabra del Señor crecía y se multiplicaba* (Hechos 12:24 RV60)." Iglesias fueron establecidas en la fe, y crecían en número cada día; todos los días se plantaba una nueva iglesia.

Nos sentimos a gusto cuando logramos reunir a cien personas juntas. Decimos: "¡Gloria a Dios, esto sí es avivamiento!" Yo me refiero a algo que rebasa el entendimiento humano y nuestras capacidades limitadas. Me refiero al poder milagroso de la simiente.   En trescientos años, estos once discípulos y los seguidores de Jesús (apenas rozando los cien) han impactado de tal forma en el mundo conocido que han puesto de rodillas al imperio y cristianizado al mundo entero.

La Activación

La escritura revela estas palabras: *"Y creyó a Jehová* (Génesis 15:6 RV60)." Esta es la clave para activar el principio. Abraham creyó en el poder de Dios, de que realmente llevaría a cabo la multiplicación. A pesar de que Abraham no tenía hijos y rozaba los cien años de edad, dijo: "Dios, yo lo creo."

Él creyó en esperanza contra esperanza, para llegar a ser padre de muchas gentes, (conforme a lo que se le había

dicho: 'Así será tu descendencia'). Y no se debilitó en la fe al considerar su cuerpo, que estaba ya como muerto (siendo de casi cien años), o la esterilidad de la matriz de Sara. Tampoco dudó, por incredulidad, de la promesa de Dios, sino que se fortaleció en fe, dando gloria a Dios, plenamente convencido de que era también poderoso para hacer todo lo que había prometido; por lo cual también su fe le fue contada por justicia.
Romanos 4:18-22 RV60

Todo esto puede sonar a teología incierta, con lo cual debemos bajarla a la realidad que hoy vivimos. Se está refiriendo a la salvación de tus seres queridos, de tus colegas del trabajo, de tus vecinos. Tal vez dirás: "No tengo problema en creer que Dios salva gente, pero no conoces a mi tío, ni a mi jefe, y mi barrio es morada de demonios." La Biblia dice: "*Y no se debilitó en la fe al considerar su cuerpo, que estaba ya como muerto (siendo de casi cien años), o la esterilidad de la matriz de Sara* (Romanos 4:18-22 RV60)."

He sido pastor de iglesias en las que si algo iba a suceder, tenía que tratarse de un milagro. Busqué adentro mío y no hallé respuestas; si Dios iba a hacer algo, habría de utilizar algo más aparte de mí. Vi la realidad y dije: "Dios, no hay esperanza." La escritura dice que Abraham "*creyó en esperanza contra esperanza* (Romanos 4:18 RV60)." La vida activa ya había transcurrido para Abraham y Sara. Esto no fue escrito en absoluto para el bien de Abraham; fue escrito para nuestro beneficio e instrucción. Abraham, el padre de todos nosotros, puso el principio en funcionamiento. Fue a él que Dios le dijo: "Te multiplicaré", y a nosotros, los herederos de la promesa, Dios nos dijo: "Los multiplicaré más que las estrellas del cielo, la arena del mar, y el polvo de la tierra."

Dado el caso en que ello suceda, deberás recurrir a algo externo a ti. Probablemente ya te has dado cuenta de que no eres capaz por ti mismo e incluso has querido darte por vencido. Quizá estás pionando una iglesia y ves que tus ocho o diez santos apenas tienen fe para levantarse de la cama el domingo a la mañana y dices: "Dios, aquí no va a suceder nada." El diablo te mira a los ojos y dice: "¡Definitivamente, nada!" No estamos hablando de la capacidad ni los principios humanos, estamos hablando de Dios, que diseñó la semilla con propiedades reproductivas dentro de ella. Dios dice: "Tocaré esa semilla, y haré que prospere, brote y se multiplique."

La Simiente de Abraham

Debes superar la confesión de fracaso e incredulidad. Todo lo que Abraham hubiera tenido que hacer era decir: "Dios, no creo en eso." Dios hubiese contestado: "Bueno, hallaré a otro. Hallaré alguna roca aquí y la levantaré." Pero Abraham dijo: "Dios, lo creo." Dios respondió: "Abraham, justo eres, y verás los resultados, por tu fe."

Abraham había activado en su vida el principio de la multiplicación que Dios comenzó con Adán. Tras haberlo activado tenemos hoy día en el mundo millones de personas del linaje físico de Abraham. Más aún, hay multiplicación de millones que son del linaje espiritual de Abraham. La fe activa los multiplicadores del Reino. Jesús no les dijo a los discípulos (que eran exactamente como tú y yo): "Los he elegido y encomendado para que vayan y sólo testifiquen desesperación, desesperanza, cultura zarrapastrosa y luego se escondan detrás de la iglesia y aguanten así hasta el final."

No me elegisteis vosotros a mí, sino que yo os elegí a vosotros, y os he puesto para que vayáis y llevéis fruto, y vuestro fruto permanezca; para que todo lo que pidiereis al Padre en mi nombre, Él os lo dé. Juan 15:16 RV60

Mas el que fue sembrado en buena tierra, éste es el que oye y entiende la palabra, y da fruto; y produce a ciento, a sesenta, y a treinta por uno. Mateo 13:23 RV60

Jesús no dijo: "Bueno, no es momento aún. Creo que nadie está listo aún para salvarse." No, ahora es el momento. Aquellas personas que piensas que no están listas para salvarse están listas ya mismo. A menudo somos como Abraham pudo haber sido. Vemos a ese cuerpo viejo arrugado, encorvado y gruñón; consideramos el útero estéril de Sara y decimos: "Nada va a suceder aquí." Lo expresamos en nuestras vidas, lo decimos en el trabajo, y también lo manifestamos en la familia. Pero Dios dice que si tenemos fe, podemos activar aquel principio de la multiplicación. Si perteneces a Cristo, eres la simiente y el heredero de Abraham según la promesa.

En el libro de Génesis leemos acerca de una hambruna en la tierra (Génesis 26). Isaac, el hijo y heredero de Abraham, se marchaba a Egipto para escapar de la hambruna. Durante el viaje, Dios le habló y le dijo (parafraseado): "No vayas a Egipto, no te llamé para que fueras allí. Te convoqué a esta tierra. Esta es la tierra que yo te daré." Isaac dijo: "Dios, aquí no hay nada para comer, nada prospera aquí, debo ir a Egipto." Dios respondió: "Tú quédate aquí, pues te prometí que habré de fructificarte y multiplicarte. Quédate aquí y te bendeciré." Isaac se quedó allí y plantó su cultivo en medio de la hambruna; mientras la gente se moría de inanición Isaac plantó un cultivo, y éste se multiplicó cien veces. Dios lo enriqueció allí mismo en medio de la hambruna y la escasez (Génesis 26:12-14).

Adoniram Judson fue un misionero en Birmania que no tuvo éxito en la difusión del evangelio. Un día, luego de una larga serie de fracasos, recibió palabra de su iglesia madre. Sus supervisores tímidamente le escribieron para preguntarle qué expectativas tenía, dadas las circunstancias. Su respuesta fue: "Mis expectativas son tan claras como las promesas de Dios." Hasta ese momento no había podido ver ni siquiera un alma salva; a partir de ese mismo instante, comenzó a ver por toda Birmania como miles de ellas aceptaban a Jesucristo. Al momento de su muerte ya había sesenta y tres iglesias y siete mil conversos. Su confesión positiva de las promesas de Dios en medio de la derrota, el fracaso y la desesperación activó el poder explosivo del principio multiplicador de Dios en su vida, y la simiente de Abraham comenzó a multiplicarse.

Somos los hijos de nuestro padre Abraham porque hemos creído en Jesucristo. La Biblia declara: "*Y si vosotros sois de Cristo, ciertamente linaje de Abraham sois, y herederos según la promesa* (Gálatas 3:29 RV60)." ¿Y si el pueblo de Dios se levantara y empezara a confesar que no hay imposibles para Dios? Él puede salvar más allá de todo lo que el hombre pueda concebir. Puede multiplicar, porque el poder no está en ti o en mí, el poder está en el simiente de Dios, Jesucristo, y Jesucristo es capaz de multiplicar no sólo matemáticamente sino geométricamente. Significa que tu familia puede ser salva, tus colegas del trabajo y tus vecinos. Significa que tu iglesia, en tanto el pueblo de Dios confiese la fe y le crea a Dios, podrá empezar a cuestionarse en seis meses: "¿Por qué rayos construimos un edificio tan chico?" ¿Lo crees de veras? ¿Crees que sólo son habladurías de pastores? Yo sólo te digo lo que la Biblia dice. Nos afanamos con números chicos, pero Dios promete en grande.

Me acuerdo cuando terminé la escuela primaria, cursé la preparatoria, y finalmente comencé la secundaria. Aprobábamos temas sencillos como la suma y pasábamos a la geometría (la cual nunca entendí), y luego a álgebra, la cual tuve que recursar dos veces. Nunca la pude entender, pero el hecho de que no la entienda no significa que no funcione. Hay gente que no solo trabaja con la geometría sino también con la trigonometría y todas esas cosas elevadas a la décima potencia, a la centésima potencia y la enésima potencia imposible de comprender para mí. Pero el hecho de que no lo comprenda no significa que no funciona; significa que mi cerebro de mosquito es incapaz de comprenderlo. Abraham no tuvo que comprenderlo, sino sólo creer. No consideró su propio cuerpo (no había mucha esperanza allí) ni la matriz de Sara (también sin esperanza), sino que fue sólido en la fe, dándole gloria a Dios y confesando que Él sería capaz de llevar a cabo su promesa. Si Dios logra hallar hijos de Abraham quienes en medio de derrotas, oposiciones y fracasos dejen de declarar sus miedos para comenzar a declarar Su Palabra, entonces podrá proveer y de hecho proveerá gran multiplicación.

Esto tiene una aplicación práctica. Me estoy refiriendo a los no salvos como tus seres queridos, familias, al vecino que amas, a tu amigo del trabajo, o a ese amigo con el que te criaste. Toda aquella persona que el diablo te dice que jamás podrá salvarse, quiero que sepas que Dios puede salvar a quien sea, en cualquier momento y en cualquier lugar. Esto significa que cuando tú y yo comenzamos a creer a Dios, a atar los poderes del diablo y a activar el poder multiplicador del evangelio, es cuando familias comienzan a sanarse, la gente comienza a acercarse a Cristo, almas comienzan a salvarse, vidas empiezan a cambiar e iglesias empiezan a multiplicarse. El principio geométrico del Reino de Dios comienza a manifestarse en vidas maravillosamente cambiadas que se acercan a Jesucristo.

La Hospitalidad

Por Wayman Mitchell

Podemos hallar en la Biblia uno de los principios más eficaces para alcanzar almas. Se trata de un vocablo moderno que últimamente se ha dejado de usar y rara vez se pone en práctica. Se trata de la palabra HOSPITALIDAD.

Después le apareció Jehová en el encinar de Mamre, estando él sentado a la puerta de su tienda en el calor del día. Y alzó sus ojos y miró, y he aquí tres varones que estaban junto a él; y cuando los vio, salió corriendo de la puerta de su tienda a recibirlos, y se postró en tierra, y dijo: "Señor, si ahora he hallado gracia en tus ojos, te ruego que no pases de tu siervo. Que se traiga ahora un poco de agua, y lavad vuestros pies; y recostaos debajo de un árbol, y traeré un bocado de pan, y sustentad vuestro corazón, y después pasaréis; pues por eso habéis pasado cerca de vuestro siervo." Y ellos dijeron: "Haz así como has dicho." Entonces Abraham fue de prisa a la tienda de Sara, y le dijo: "Toma pronto tres medidas de flor de harina, y amasa y haz panes cocidos debajo del rescoldo." Y corrió Abraham a las vacas, y tomó un becerro tierno y bueno, y lo dio al criado, y éste se dio prisa a prepararlo. Tomó también mantequilla y leche, y el becerro que había preparado, y lo puso delante de ellos; y él se estuvo con ellos debajo del árbol, y comieron. Génesis 18:1-8 RV60

El Poder de la Hospitalidad

Abraham ve llegar a tres desconocidos e inmediatamente les ofrece un alimento, lavarles los pies, y que puedan así refrescarse. Le pide a Sara que les prepare unos bizcochos; luego va y toma un becerro y se lo da a su criado para que lo prepare. Se trata de una profunda revelación; aquí hay algo más que mera hospitalidad. En dicho encuentro Dios le está dando una revelación acerca del futuro. Lot, el sobrino de Abraham, vive en Sodoma y estos hombres le están revelando que dicha ciudad será juzgada, con lo cual Abraham recibe la oportunidad de interceder por Lot. En este pasaje, Dios habla acerca del futuro Mesías: *"Profeta les levantaré de en medio de sus hermanos, como tú; y pondré mis palabras en su boca, y él les hablará todo lo que yo le mandare. Mas a cualquiera que no oyere mis palabras que él hablare en mi nombre, yo le pediré cuenta* (Deuteronomio 18:18-19 RV60)."

La hospitalidad está ligada a nuestro destino. El Antiguo Testamento hace hincapié en este principio. De hecho no deja de sorprenderme cuán a menudo aparece esta noción. Dios nos ordena alcanzar a los desconocidos.

Y te alegrarás en tus fiestas solemnes, tú, tu hijo, tu hija, tu siervo, tu sierva, y el levita, el extranjero, el huérfano y la viuda que viven en tus poblaciones. Deuteronomio 16:14 RV60

Durante el tiempo de la cosecha la ley prohibía segar los rincones de los campos, pues estaban reservados para los pobres y los marginados (Levítico 23:22). Esto era una demostración de amor del pueblo de Dios.

Cuando el extranjero morare con vosotros en vuestra tierra, no le oprimiréis. Como a un natural de vosotros tendréis al extranjero que more entre vosotros, y lo amarás como a ti mismo; porque extranjeros fuisteis en la tierra de Egipto. Yo Jehová vuestro Dios. Levítico 19:33-34 RV60

La hospitalidad revela el corazón de una persona. El término hospitalidad significa literalmente: *"amigable, comedido, afectuoso con el huésped, inclinado al amor."* La iglesia se exhorta a aprovechar la oportunidad para extender la hospitalidad.

...compartiendo para las necesidades de los santos; practicando la hospitalidad. Romanos 12:13 RV60

Pero es necesario que el obispo sea irreprensible, marido de una sola mujer, sobrio, prudente, decoroso, hospedador, apto para enseñar... 1 Timoteo 3:2 RV60

...y a su debido tiempo manifestó Su palabra por medio de la predicación que me fue encomendada por mandato de Dios nuestro Salvador. Tito 1:3 RV60

Hospedaos los unos a los otros sin murmuraciones. 1 Pedro 4:9 RV60

¿Por qué la gente habría de murmurar o rezongar con la hospitalidad? Sin duda algunos obedecen a Dios pero no están muy contentos al respecto. Muchos se quejan de que ellos ofrecen bifes y cuando son invitados sólo reciben papas fritas con mayonesa. Quizá sea cierto, pero Dios insiste en que este principio se ponga en práctica.

Hace varios años fui pastor en la Isla de Vancouver, Columbia Británica. Allí tenían la costumbre de que cada vez que llegaba un nuevo visitante a la iglesia, uno de sus miembros lo recibía y lo invitaba a tomar el té o a almorzar. Lo analicé y decidí implementarlo en cada congregación que hemos ministrado. Desde ya te digo que esto transforma iglesias.

Ni bien mi esposa y yo nos salvamos, me tomó alrededor de un año sintonizar con el cristianismo. Recuerdo un hermano de aquella congregación; su esposa era una cocinera increíble. Cada domingo ella hacía una carne asada, papas con salsa, y chauchas o ejotes con grasa de tocino. Un arte perdido hoy día. Honestamente iba a la iglesia no tanto por la Palabra sino más bien por la comida después del servicio. Con el tiempo Dios me fue revelando algo un poquito más profundo que una comida gratis.

El principio de la hospitalidad es eficaz. No tiene que consistir necesariamente en grandes manjares con filetes de carne; se trata más bien del espíritu de alcanzar a desconocidos y acogerlos. Nada los conmueve más que cuando los invitas a tu casa y les demuestras que realmente estás interesado en ellos. De eso se trata la hospitalidad.

Elementos Esenciales de la Hospitalidad

La hospitalidad no suele darse naturalmente. Vivimos en la generación moderna de la comida rápida, la iglesia express y las relaciones chatas. Hay una iglesia en Chandler, Arizona, que anuncia servicios de quince minutos. Esta es la generación que no quiere tomarse el tiempo para hacer nada que no implique la gratificación egoísta. El resultado es que mucha gente termina en soledad. Van a la iglesia pero nunca se relacionan realmente con nadie, no hacen nada para alcanzar a otros y con frecuencia no saben cómo forjar una relación con alguien. A veces el egoísmo puede dominar la vida de una persona a punto tal que no desea que nadie la moleste. A veces la persona se siente inferior o insegura al momento de presentarse: *"Su deseo busca el que se desvía, y se irrita contra todo sano consejo* (Proverbios 18:1 RV60-NBD)."* Hay un desequilibrio espiritual, social y relacional que tiene lugar en la persona que intencionalmente no desea relacionarse con la gente más allá de su pequeño círculo personal.

El enfoque de la hospitalidad se centra en los desconocidos. Abraham se topa con tres hombres. Jamás los había registrado antes, pero así y todo se comunica con ellos, se predispone y los invita a refrescarse. Esta es la esencia de la hospitalidad.

La dificultad hoy día, y esto es cierto en muchas iglesias, es que la gente está en lo que yo llamo el círculo púrpura. De entre la multitud, son los que forman grupos cerrados. Si bien no tienen la intención de informarles a los demás que no están admitidos en su círculo, no salen en busca de ellos y son muy parciales en sus relaciones. La gente puede quedar aislada incluso en una congregación y así perdemos la oportunidad de ministrar a los desconocidos y ayudarlos a sentirse bienvenidos.

Recuerda, Deuteronomio 16:14 mandaba que el pueblo de Dios alcanzase a los desconocidos y los invitase a sus fiestas (compañerismos). La hospitalidad es el deseo sincero de influenciar a alguien más y que pueda entrar en tu vida. Hay una predisposición a compartir, factor vital que conforma la esencia de la hospitalidad que no debemos ignorar. Significa que compartimos nuestro sustento, nuestro tiempo, nuestro hogar, nuestra energía y nuestras emociones. Todo lo compartimos.

Es interesante cuán frecuentemente la hospitalidad está presente en el origen de los acontecimientos de la Biblia. El profeta Elías le pide a la viuda de Sarepta un poco de agua y algo de pan. De esa predisposición de ministrar a un desconocido, Dios obra un milagro de provisión en su vida que le permite sobrellevar dieciocho meses de hambruna. Al poco tiempo su hijo cae enfermo y muere, pero Dios lo resucita de los muertos (1 Reyes 17:8-24). La puerta al milagro de gracia es abierta en la vida de una sunamita debido a su hospitalidad hacia el profeta Eliseo. Ella le construye una habitación con una cama y un candelero, le insiste para que se quede a comer y a dormir cada vez que necesite pasar por allí. El profeta le pregunta qué puede ofrecerle a cambio, y descubre que es estéril. Y entonces recibe un hijo por un milagro de Dios. Más tarde su hijo es resucitado de los muertos. (2 Reyes 4:8-37). Y hay más aún. El profeta le había advertido a la sunamita de la hambruna que tendría lugar allí; ella escapó para establecerse en tierra extranjera. Al cabo de siete años ella regresa, pero ahora era viuda y había perdido su hacienda. Giezi, el siervo de Eliseo, le cuenta al rey los milagros de Dios por medio del profeta. Mientras le narra la historia de esta mujer, ella llega confirmando los hechos e implorando al rey por su parcela. El rey ordena devolverle todas sus cosas y los frutos de sus tierras de sus siete años de ausencia (2 Reyes 8:5-6). Dios reserva bendición para los que son hospitalarios en la vida.

Un Desafío Bíblico

La hospitalidad es un ingrediente faltante por muchas razones. A veces no hay una enseñanza o un ejemplo a seguir, no hay quizás una comprensión del deber por parte de aquellos que creen ser hospitalarios. A veces la gente no aprecia la recompensa que se deriva de la hospitalidad. También, por supuesto, hay una negativa a mostrarse vulnerable frente a gente que no conocemos y a ser importunados por ellos. Tal vez has invitado a alguien a tu casa, y a poco de retirarse ha destrozado algo valioso, suele suceder. Cualquiera de nosotros que haya sido hospitalario lo ha vivido. Quizá alguien manchó gravemente la alfombra o sus revoltosos niños rompieron algo o rayaron tu hermoso piso de madera. Hablaba con un pastor al respecto y me contó que tenía un valioso plato de porcelana que le pertenecía a la familia por generaciones; una noche en que había invitado a una familia, sus rebeldes niños lo rompieron. Esas cosas suceden.

De esta historia de Abraham se desprende una profunda lección. Los tres desconocidos no aparentaban ser más que viajantes fatigados, aunque en realidad era Dios el que venía a visitar a Abraham. ¡Si no logramos ser hospitalarios podemos perder a Dios!

No os olvidéis de la hospitalidad, porque por ella algunos, sin saberlo, hospedaron ángeles. Hebreos 13:2 RV60

De acuerdo con las palabras de nuestro Señor Jesucristo esta es una de las señales presentes en la iglesia del Nuevo Testamento (Juan 13:35). Es interesante que el formidable testimonio del crecimiento de la iglesia en el libro de Hechos se da en el marco de un espíritu hospitalario.

Y perseverando unánimes cada día en el templo, y partiendo el pan en las casas, comían juntos con alegría y sencillez de corazón, alabando a Dios, y teniendo favor con todo el pueblo. Y el Señor añadía cada día a la iglesia los que habían de ser salvos. Hechos 2:46-47 RV60

Entonces el Rey dirá a los de su derecha: Venid, benditos de mi Padre, heredad el reino preparado para vosotros desde la fundación del mundo. Porque tuve hambre, y me disteis de comer; tuve sed, y me disteis de beber; fui forastero, y me recogisteis; estuve desnudo, y me cubristeis; enfermo, y me visitasteis; en la cárcel, y vinisteis a mí. Entonces los justos le responderán, diciendo: Señor, ¿cuándo te vimos hambriento, y te sustentamos, o sediento, y te dimos de beber? ¿Y cuándo te vimos forastero, y te recogimos, o desnudo, y te cubrimos? ¿O cuándo te vimos enfermo, o en la cárcel, y vinimos a ti? Y respondiendo el Rey, les dirá: De cierto os digo que en cuanto lo hicisteis a uno de estos mis hermanos más pequeños, a mí lo hicisteis. Mateo 25:34-40 RV60

Muchos milagros en la Biblia han ocurrido en un trasfondo de hospitalidad, o cuando se servía una comida. Hay un registro y un ejemplo muy claro en la Biblia. Jesús le ministró a una mujer pecadora en casa de Simón el fariseo. Esta alma preciosa vino para salvación y perdón de sus pecados con la hospitalidad como telón de fondo (Lucas 7:36-48). En el camino a Emaús un desconocido se acerca a dos discípulos que iban caminando; lo invitan a quedarse con ellos y mientras comían Jesús se les revela. De no ser por la hospitalidad Jesús habría continuado viaje. Recién pudieron reconocerlo cuando estaban cenando (Lucas 24:13-31). Luego de la comida los tres desconocidos le preguntan a Abraham: *"¿Dónde está Sara tu mujer?"* Luego Abraham y Sara reciben la promesa de un hijo (Génesis 18:9-10 RV60). En medio de esa atmósfera hospitalaria se mueve la presencia de Dios liberando su poder milagroso.

La clave para acercar almas al evangelio no está en un predicador espectacular o una personalidad descollante; más bien se da cuando corazones solitarios desesperados por ser amados reciben hospitalidad. Ninguna atmósfera se compara a la de un desconocido sintiéndose aceptado porque ha sido invitado a una comida. El mundo entero está a la espera de alguien que demuestre un interés por ellos. En general la gente no viene a la iglesia porque se mueren por escuchar una prédica, vienen porque se sienten solos, privados de sus derechos, y con una necesidad real. Es el espíritu de alcanzar y tocar a desconocidos lo que hace mover al corazón humano según el evangelio.

La Impartición
Por Greg Mitchell

El 8 de mayo de 1936 un jockey llamado Ralph Neves estaba participando en la tercera carrera del día en el Hipódromo de Bay Meadows cerca de San Francisco, California. Había en juego quinientos dólares en efectivo y un reloj de oro que Bing Crosby prometiera entregar en persona al ganador.

Neves, de diecinueve años (alias "El pimentero portugués") estaba montando a Fannikins, y ambos se hallaban en el quinto lugar mientras se aproximaban a la primer curva por detrás de un muro de cuatro caballos. Cuando estos caballos comenzaron a encarar la curva, el que galopaba en un extremo se tambaleó y cayó hacia adentro, generando un efecto dominó que terminó con los cuatro caballos en el suelo. Fannikins tropezó al intentar detenerse abruptamente, lo cual arrojó a Neves a la pista un segundo antes de que el peso demoledor de su animal aterrizara encima suyo.

Los médicos de pista se precipitaron sobre el cuerpo inmóvil de Neves, y lo colocaron en una camioneta para trasladarlo a una sala de primeros auxilios. Allí fue examinado por un doctor que lo declaró muerto. Los espectadores, paralizados, contemplaron minutos de silencio luego de que el relator comunicara la solemne noticia. Pero aún faltaba ver lo mejor de Ralph Neves.

Para cuando el Dr. Horacio Stevens (amigo de Neves) llegó al hospital del hipódromo, el sangriento cuerpo del jockey yacía horizontal sobre una losa y con el dedo del pie etiquetado para la morgue. En un desesperado y arrebatado intento por revivir a su amigo, el Dr. Stevens le administró una dosis de adrenalina directamente al corazón de Neves. Durante los primeros minutos no pareció surtir efecto alguno, y el desanimado Dr. Stevens abandonó el hospital.

Al cabo de unos veinte minutos, Neves se incorporó y salió caminando de la sala de primeros auxilios. Cruzó las tribunas hasta el vestuario de los jinetes, pues sólo vestía pantalones y una bota. Cuando la multitud se dio cuenta de que aquel hombre ensangrentado, de torso desnudo y etiquetado en el pie que iba tambaleándose alrededor de las tribunas era el jockey que había sido declarado muerto hacía media hora, los organizadores y todo el resto corrieron tras él. La conmoción se transformó en festejos.

Una vez que llegó hasta el vestuario de los jockeys, donde sus compañeros estaban armando una colecta para su viuda, Ralph Neves exigió que le permitan correr todas las carreras que faltaban. El atónito personal rehusó acceder a su propuesta hasta que pase al menos una noche en el hospital bajo observación. A la mañana siguiente, se escapó del hospital por la ventana de su habitación, vistiendo un atuendo de hospital, y se tomó un taxi hasta el hipódromo.

Completó las carreras que le faltaban hasta el último día del encuentro deportivo, y si bien no ganó en ninguna, logró salir segundo varias veces, lo que le permitió ganar el título y el reloj. El titular de la epopeya en las Crónicas de San Francisco decía: "Ralph Neves – Murió pero Vive, para Correr y Ganar." Neves siguió compitiendo por veintiocho años más luego de haber sido declarado muerto en 1936.

Su amigo puso algo en Ralph Neves que lo hizo vivir – y le ayudó a definir su futuro. Ese es un cuadro de lo que la Biblia llama impartición. Tenemos el poder de recibir algo por parte de un hombre de Dios que nos da vida como discípulos, y tenemos el poder de inyectar cosas en otras personas, como pastores, padres y maestros.

Primeramente doy gracias a mi Dios mediante Jesucristo con respecto a todos vosotros, de que vuestra fe se divulga por todo el mundo. Porque testigo me es Dios, a quien sirvo en mi espíritu en el evangelio de su Hijo, de que sin cesar hago mención de vosotros siempre en mis oraciones, rogando que de alguna manera tenga al fin, por la voluntad de Dios, un próspero viaje para ir a vosotros. Porque deseo veros, para comunicaros algún don espiritual, a fin de que seáis confirmados; esto es, para ser mutuamente confortados por la fe que nos es común a vosotros y a mí. Romanos 1:8-12 RV60

La Verdad de la Transferencia

La Biblia declara que somos seres espirituales. Hay una parte nuestra que es sobrenatural y se llama espíritu. Cada persona posee un espíritu propio. Esto significa que cada vez que tomas medidas y haces elecciones en forma reiterada, estás determinando el carácter espiritual preeminente de tu vida. Esto se cumple para bien o para mal. Los pervertidos con un espíritu inmundo son así porque se han entregado reiteradamente a una conducta inmoral. Asimismo se suele hablar de alguien que tiene un espíritu apacible o dócil al describir la naturaleza o comportamiento de dicho individuo.

Pablo le escribe a la iglesia de Roma: *"Porque deseo veros, para comunicaros algún don espiritual, a fin de que se fortalezcan en el Señor* (Romanos 1:11 NBD)." Esta escritura habla del buen juicio de la impartición. Hay una pasión inspiradora, un poder y una actitud que pueden ser infundidos en otras personas. Esta es una poderosa verdad que se llama transferencia de espíritu, y significa que lo que está en una persona puede transferirse a otra u otras. Pablo desea impartir algo. Impartir significa entregar o compartir. Pablo confía en poder infundirles lo que él tiene dentro suyo.

Moisés poseía una capacidad de liderazgo sobrenatural y Dios la tomó y se la impartió a los setenta ancianos para que ellos también pudieran ejercer un rol de liderazgo (Números 11:25). Eliseo le suplicó a Elías una doble porción de su espíritu (2 Reyes 2:9). No estaba pidiendo consejos o técnicas para ser un mejor hombre de Dios, sino que reconoció que había algo sobrenatural en la vida de Elías y deseaba eso mismo para su propia vida.

Luego de que Elías partiera en el torbellino, su espíritu reposó en Eliseo (2 Reyes 2:15).

Así que fíjate lo siguiente: un espíritu puede transferirse o impartirse. Es una dimensión poderosa para bien. ¿Qué significa?

La impartición implica un equipamiento sobrenatural: Esto nos confiere valor para las circunstancias de la vida. Pablo dijo que deseaba impartir un don espiritual para fortalecer a los creyentes en Roma (Romanos 1:11). La iglesia en Roma estaba siendo perseguida, hostigada y aniquilada por ser creyentes. Pablo dice: puedo impartirles algo que les permitirá mantenerse en vigor.

El libro *In Harm's Way* (Primera Victoria), de Doug Stanton relata el hundimiento del USS Indianapolis en los últimos días de la Segunda Guerra Mundial. Novecientos veinticinco hombres de esa embarcación sobrevivieron la catástrofe mientras se aferraban a las balsas, a los restos y pedazos del barco que flotaban en aguas infestadas de tiburones. Tuvieron que soportar cuatro días sin comer ni beber, expuestos al rayo del sol y al agua salada que les talaba la piel, mientras oían los gritos de algunos soldados compañeros que eran mordidos por tiburones. Un sobreviviente describió la desesperación que comenzó a reinar y cómo muchos comenzaban a darse por vencidos, soltando las balsas y dejándose arrastrar para ahogarse o ser comidos por los tiburones. Y observaba a un joven que debía tener aproximadamente diecisiete o dieciocho años, y se dio cuenta de que iba a rendirse. Efectivamente, se soltó, dejándose llevar por la corriente cuando de repente este joven exclama: "¡No! ¡Mi padre dice que jamás hay que rendirse!" Y entonces pegó la vuelta nadando con fuerza hasta asirse de la balsa nuevamente, y sólo fue cuestión de un par de horas hasta que fueron rescatados. Jamás habría su padre de imaginarse, al enseñarle a su hijo a no rendirse nunca, que tales palabras que inculcó en él le fueran literalmente a salvar la vida. Este es el equipamiento de la impartición.

La impartición produce motivación o pasión: Los dos discípulos en el camino a Emaús se decían: *"¿No ardía nuestro corazón en nosotros, mientras nos hablaba en el camino, y cuando nos abría las Escrituras* (Lucas 24:32 RV60)"?* Lo que aquí describen no es un conocimiento intelectual sino algo que estaba sucediéndoles en su interior que los transformaba. Estuvieron desanimados pero ahora veían las cosas desde una perspectiva distinta y por ende obraban en consecuencia. ¿Por qué? El avivamiento es un espíritu, una pasión, un contagio que se contrae de un hombre de Dios que está en llamas. Es más que mera información a recabar, es un espíritu; y se transmite de corazón en corazón.

La impartición ofrece una adecuada visión o punto de vista cuando te hallas frente a los problemas o dificultades: Elías le dijo a Eliseo que podía recibir la doble porción con la condición de que permaneciese junto a él. Pero cuando Elías es arrebatado y Eliseo está listo para comenzar su ministerio, él se halla al otro lado del río Jordán sin un bote. En vez de echarse en posición fetal a lamentarse y hurgar en sus problemas, extendió el manto y dijo: *"¿Dónde está Jehová, el Dios de Elías* (2 Reyes 2:15)?"* Golpeó las aguas y éstas se dividieron. ¿De dónde consiguió eso? De Elías, su pastor, que no era un quisquilloso que siempre se quejaba de lo difícil que era todo.

Tom Payne cuenta la historia de sus primeros días de ministerio en Las Vegas, en que hubo una terrible tormenta que inundó su iglesia. Fue un miércoles por la tarde y no había manera de restaurar el establecimiento a tiempo para el servicio. Otro pastor del compañerismo en la zona le sugirió que cancele el servicio y lleve a su gente a la otra iglesia. Pero Tom dijo: "No, esta inundación es un ataque del infierno. Se la tenemos que devolver al diablo de entrada." Así que llamó a los hombres de su iglesia para que anunciasen que iban a pasar una película en un complejo de apartamentos. Improvisaron unos volantes y golpearon a las puertas de varios vecinos para invitarlos. La iglesia solo tenía veinte personas en aquel momento, pero esa noche llegaron sesenta almas y once fueron salvas. Tom tiene una manera de tratar los problemas y la obtuvo de su pastor. De eso se trata la impartición.

Este es el factor crucial en el discipulado. Por esta razón Jesús no les dio a sus discípulos un manual de instrucciones para que de allí aprendan, sino que dijo: *"Sígueme (Mateo 9:9 RV60)."* Tiene que haber más que una transferencia de información. La verdad se abraza más de lo que se enseña. Los discípulos toman el <u>espíritu</u> de su pastor; ese es el potencial del discipulado.

Cómo se da la impartición

La impartición es automática: es así, lo quieras o no. Siempre hay gente en toda congregación que frustra a su pastor. Es común oír decir a un pastor: "No hay manera que esta gente ore, u ofrende," o lo que fuere. Por más buena que sea tu iglesia siempre habrá algunos que no se adaptarán al programa. El problema es cuando el pastor dice: *"Nadie* en mi iglesia ora ni ofrenda." El pastor puede concluir que se trata de mala gente. Bien puede estar en una gran ciudad y a cinco cuadras su pastor colega tiene buena gente, pero en cierta forma a él le tocaron los malos. Su pastor colega tiene buenos discípulos que están en llamas para Dios, pero sus discípulos son todos inútiles. En algunos casos hemos tenido pastores que han querido abandonar su puesto y mudarse a donde están los buenos, sólo para darse cuenta de que la gente es la misma en todos lados.

¡Lo cierto es que ministramos lo que <u>somos</u>! Nuestras congregaciones reflejarán lo que somos y no lo que pretendemos ser o lo que decimos ser en las prédicas.

Tan grande es nuestro afecto por vosotros, que hubiéramos querido entregaros no sólo el evangelio de Dios, sino también nuestras propias vidas... 1 Tesalonicenses 2:8 RV60

Esto es lo que sucede en el verdadero ministerio del Espíritu Santo. Algo se interpone en la senda de nuestra alma. Hay que ser honestos, la razón por la cual a veces nuestros seguidores se quedan cortos, es porque nosotros como líderes nos quedamos cortos. Recuerdo, hace unos años, un llamado telefónico que recibió el Pastor Mitchell mientras yo estaba con él en la misma oficina. Se trataba de un pastor que se quejaba porque su congregación no ofrendaba; mi padre le hizo las preguntas típicas: "¿Estás tomando las ofrendas?" ¿Estás predicando sobre el dinero? ¿Estás animando a la gente a dar?" Hasta que finalmente le preguntó: "¿Estás diezmando?" ¡Hubo un silencio! ¡El pastor no estaba diezmando! Nadie sabía que este hombre no estaba diezmando. La congregación no lo sabía, pero cada vez que hablaba del diezmo ellos no estaban escuchando ni recibiendo lo que tenía para decir. Más allá de lo que dijera, su verdadera personalidad estaba siendo impartida. La impartición se da, lo quieras o no.

La impartición se da con el ejemplo: La verdad debe demostrarse; debe ser vista en carne propia. Dios es la Verdad pero vino a la tierra y se hizo carne para que tengamos un ejemplo a seguir. Pablo le dijo a la iglesia de Corinto: *"Sed imitadores de mí, así como yo de Cristo* (1 Corintios 11:1 RV60)."

...no como teniendo señorío sobre los que están a vuestro cuidado, sino siendo ejemplos de la grey. 1 Pedro 5:3 RV60

La palabra *ejemplo* que Pedro usa representa un cuadro de un molde metálico. Al derramarse el metal, adquiere la forma de la tintura y luego se endurece. Las personas a las que ministras se ajustarán a tu forma y serán espiritualmente como tú; es decir que jamás habrá gente que se coloque por encima de nuestro propio ejemplo. Pero sí es posible que nuestras acciones nieguen nuestras palabras, podemos estar mostrándole a la gente que lo que decimos no debe tomarse en serio debido a la manera en que vivimos. Carlos Spurgeon dijo: "La vida de un hombre siempre tiene más peso que sus palabras. Al hacer un balance de él, sus acciones se calculan en dólares y sus palabras en centavos. Si su vida y doctrina no concuerdan, el grueso de los espectadores se queda con su práctica y desecha su prédica."

Hace muchos años atrás mi esposa y yo estábamos de visita en una congregación. Mi esposa se fue atrás a la guardería a ver a una amiga cuando oyó a una mujer que le preguntaba a otra de qué había predicado el pastor. Su respuesta fue: "Ah, fue un buen sermón; lástima que no hace nada de lo que dice." Las palabras eran ciertas, reales y bíblicas, pero él no las experimentaba, con lo cual no surtieron efecto pues la gente vio una contradicción. Alguien dijo: "Un consejo puede ser confuso, pero un ejemplo siempre es claro."

La impartición mediante un depósito premeditado: *"Lo que has oído de mí ante muchos testigos, esto encarga a hombres fieles que sean idóneos para enseñar también a otros (2 Timoteo 2:2 RV60)."* La palabra *encargar* significa hacer un depósito; no simplemente algo, sino las mismas cosas que has oído de mí.

Este era el método de Jesús con sus discípulos. Les enseñó sobre el verdadero liderazgo, sobre las prioridades en el ministerio, cómo tratar con el fracaso, el éxito, el rechazo y cómo utilizar el dinero. Les enseñó todo esto porque los estaba equipando con lo que iban a necesitar en el futuro.

...porque no he rehuido anunciaros todo el consejo de Dios. Hechos 20:27 RV60

De esto se trata el formar discípulos. Permanentemente me pregunto: "¿Qué están necesitando estos hombres ahora? ¿Qué errores he cometido, para ayudarles a evitarlos? ¿Qué podría conocer una vez dentro del ministerio que pudiese depositar en ellos? ¿Qué clase de cosas hieren o ayudan a los hombres en el ministerio?" Estoy haciendo un depósito premeditado a la manera de un padre que cría a sus hijos. La crianza es mucho más que limpiar narices y llevarlos a la escuela a horario. Un buen padre realiza una impartición en sus hijos, equipándolos para la vida y transmitiéndoles una adecuada perspectiva para que puedan ser exitosos.

Las opciones de la impartición
La responsabilidad personal del que imparte. Si tú eres el que imparte es tu responsabilidad asegurarte de que el ejemplo que estás dando sea digno de seguir. Tienes que comprender cuán poderoso es este principio y abordarlo seriamente. Cada uno de nosotros tenemos esa responsabilidad con nuestros hijos y con nuestros cónyuges. Algunos hombres reciben una mala reacción de sus esposas cuando les comunican que desean embarcarse en una nueva aventura con Dios. ¿Por qué? Ella no salta de alegría porque ya ha visto el ejemplo de su esposo el cual no ha necesariamente inspirado la fe.

En 2008, lejos de la costa de Singapur, un buzo recientemente entrenado en su primera inmersión falleció en un accidente insólito. Su cuerpo fue hallado flotando en el mar con el tanque aún amarrado a sí mismo. En el tanque encontraron rastros de monóxido de carbono y sulfuro de hidrógeno. Este hombre, el Sr. Sue, tomó el tanque de su instructor con toda confianza y sin embargo estaba aspirando algo que lo estaba matando.

Esta es la responsabilidad que tenemos como formadores de discípulos. Jesús envió a sus discípulos y les ordenó que no llevasen bolsas con dinero, ni dos túnicas ni demás cosas (Mateo 10:9-10). ¿Te has preguntado alguna vez qué significa eso? La traducción del mensaje lo sugiere así: "No necesitas tanto equipaje. Tú eres el equipaje." He oído a hombres decir con los años: "Amigo, yo tendría un gran avivamiento si me dieran un mejor equipo de sonido." ¡La pieza más valiosa del equipo que posees eres tú mismo! ¡Si lo tienes incorporado en tu interior entonces la consola de sonido ya no interesa!

Ten cuidado de ti mismo y de la doctrina; persiste en ello, pues haciendo esto, te salvarás a ti mismo y a los que te oyeren. 1 Timoteo 4:16 RV60

La persona impartida también tiene una responsabilidad. Algunos utilizan esta verdad de la impartición como excusa para justificar sus falencias. Ojalá todos los pastores fuesen excelentes e intachables, pero no lo son. Entonces ¿qué debes hacer si esa es tu situación? Tuve un pastor durante algunos años que realmente no oraba, ni leía su Biblia, ni tampoco predicaba sermones nuevos (la mayoría de las veces predicaba sermones de otros), y pasaba horas mirando películas. ¿Debería entonces echarle la culpa para justificar mis fallas? Dios no va a comprar eso. ¡De aquel ejemplo he aprendido lo que no debo ser!

Todos necesitamos aprender el arte de aceptar y rechazar. Se acepta lo que es bueno y se rechaza lo que es malo. Se mastica la carne y se escupen los huesos. No te pases los años protestando contra la manera en la que te han criado. Tienes la capacidad y la responsabilidad de tomar sabias decisiones; nadie más puede hacerlo por ti.

Examinadlo todo; retened lo bueno. Absteneos de toda especie de mal. 1 Tesalonicenses 5:21-22 RV60

Debemos aferrarnos a una buena impartición. No todos los que integran un ministerio honrado captan la esencia. El discípulo tiene una opción. Elías dijo: "¿Qué quieres?" Es un cheque en blanco. Eliseo podría haberle pedido dinero, fama o poder; sin embargo, Eliseo dijo: *"Te ruego que una doble porción de tu espíritu sea sobre mí* (2 Reyes 2:9 RV60)." Luego Elías quiso ponerlo a prueba desafiando su atención. En la vida habrá pruebas. Eliseo recibió algo que los hijos de los profetas no recibieron, ellos tenían la información necesaria en sus mentes, pero Eliseo tenía el espíritu. Tenía el corazón y la pasión. En toda iglesia hay hombres que saben muchas cosas pero están sin el fuego del espíritu. Nunca lo consiguen porque no hay nada en ellos que clame: "Dios, eso es lo que quiero." Debemos:

Pedírselo a Dios. (Mateo 7:7-8)

Hacer preguntas. Es increíble cuando los discípulos están junto a hombres de gran experiencia y no les hacen preguntas. Hacen bromas, hablan de política y deportes y no aprovechan la ocasión. ¿No se te ocurre ninguna pregunta en el momento? Escríbelas en un papel para la próxima. Siempre le aclaro a la gente que jamás me molesta que me hagan una pregunta, porque el discipulado es mi prioridad.

Pensar. ¿Por qué lo hacemos así? Mucha gente jamás piensa ni analiza las cosas hasta que cualquier chiflado religioso los desafía y entonces se conforman con eso por falta de convicción y discernimiento.

Motivarnos a imitarlo. ¿Estás imitando el espíritu de tu pastor, el espíritu de nuestro compañerismo?

Permíteme comunicarte algo motivador. La verdad de la impartición les deja una sensación de condenación a ciertas personas, pues sienten que han eludido una responsabilidad al no sujetarse al ministerio de tal o cual pastor. **Dios puede darte algo digno de impartir.** ¡Está disponible!

Si clamares a la inteligencia, y a la prudencia dieres tu voz; si como a la plata la buscares, y la escudriñares como a tesoros, entonces entenderás el temor de Jehová, y hallarás el conocimiento de Dios. Proverbios 2:3-5 RV60

Algunos se sienten condenados por haber cometido errores terribles y por haberles dado un mal ejemplo a sus esposas, hijos y discípulos. **Dios puede restaurar algo digno de impartir.** Él puede restaurar lo que se ha perdido. Si el fuego y la pasión de hacer la voluntad de Dios se han atenuado; si te has apartado y has priorizado otras cosas en lugar de Dios; si reconoces todo eso entonces hay esperanza. Dios no está esperando el momento para aplastarte y arrojarte al infierno. Al contrario, Él puede transformarlo a la vida.

Por lo cual te aconsejo que avives el fuego del don de Dios que está en ti por la imposición de mis manos. 2 Timoteo 1:6 RV60

Puedes recuperarlo nuevamente. Puedes clamarle al Dios que ha puesto el fuego allí en primer lugar. La Biblia dice: *"La caña cascada no quebrará, y el pábilo que humea no apagará (Mateo 12:20 RV60)."* Dios puede ver ese fueguito que apenas llamea, y puede llevarlo a arder en ascuas y transformarlo a la vida en ti otra vez.

La Amplitud de Corazón
Por Wayman Mitchell

Estuve en una cruzada por las pistas de rodeo en Tucson, donde había algunos camarógrafos de unos periódicos de la zona. No me muero por salir en la prensa, pues nunca se sabe qué vuelta de tuerca le darán a la realidad de los hechos. Se sanaron varias personas y le pedí al camarógrafo que no se olvide de tomar fotos; pero como era de esperarse publicaron fotos de la gente que no se había sanado. El artículo no estuvo tan mal, pero la principal conclusión de estos periodistas fue que simplemente estuvimos alcanzando a un grupito de mexicanos.

Hace años mi esposa y yo estábamos pastoreando una iglesia en Eugene, Oregon, que estaba a las puertas de una exclusiva zona de la ciudad donde vivía gente muy pudiente. Una mujer del barrio se acercó a uno de nuestros eventos y se la oyó decir: "Son sólo unos pobres nomás aquí."

Mucha gente que llega a nuestras iglesias pretende encontrar individuos de gran desarrollo espiritual y corporal; y espiritualmente hablando, lo único que ven es un puñado de cristianos flacuchos con un boquete en el pecho en camino a ser discípulos. Con lo cual no les resulta gran cosa. Pero el punto no es lo que somos sino lo que llegaremos a ser. Más allá de la raza, la clase social o el tipo de persona que hoy seas, el veredicto final no es aquí y ahora sino lo que seremos a futuro.

Viniendo Jesús a la región de Cesarea de Filipo, preguntó a sus discípulos, diciendo: ¿Quién dicen los hombres que es el Hijo del Hombre? Ellos dijeron: Unos, Juan el Bautista; otros, Elías; y otros, Jeremías, o alguno de los profetas. Él les dijo: Y vosotros, ¿quién decís que soy yo? Respondiendo Simón Pedro, dijo: Tú eres el Cristo, el Hijo del Dios viviente. Entonces le respondió Jesús: Bienaventurado eres, Simón, hijo de Jonás, porque no te lo reveló carne ni sangre, sino mi Padre que está en los cielos. Y yo también te digo, que tú eres Pedro, y sobre esta roca edificaré mi iglesia; y las puertas del Hades no prevalecerán contra ella. Mateo 16:13-18 RV60

Estos versículos nos ofrecen una tremenda revelación, Jesús dijo: *"tú eres Pedro* (del griego Petros = piedrita) *y sobre esta roca* (del griego Petra = gran roca maciza) *edificaré mi iglesia."* No estaba hablando de lo que Pedro era, sino de lo que sería a futuro. Todos sabemos que Pedro fracasó rotundamente al negar a nuestro Señor Jesucristo en la noche de la crucifixión. Jesús hablaba del futuro Pedro posterior al fracaso y la restauración. Este es el mensaje del evangelio; nuestra futura transformación en Dios.

La clave para liberar el potencial de Dios está en este texto. La clave es la amplitud de corazón en los entrenadores de discípulos. Un sinónimo a usar es *magnanimidad.*

El llamado a la Amplitud de Corazón (Magnanimidad)

Esto no sucede por instinto; porque somos una naturaleza caída. Ya conoces la historia en el edén; Adán y Eva desobedecieron a Dios y el egoísmo es la maldición de esa decisión. El diablo les dijo que si comían del fruto serían como dioses. Algo ocurrió en esa decisión y la auto-idolatría reemplazó a Dios en sus corazones; esto nos ha infectado a todos con lo que podríamos llamar la mezquindad. Significa que jamás podemos ver naturalmente más allá de nuestro propio interés personal. Aún se dice que es posible conocer la naturaleza de un hombre según cómo trata a aquellos que no pueden hacer nada por y para él. El llamado es a la amplitud de corazón, la cual se origina en la misericordia.

Cristo mismo llevó nuestros pecados en su cuerpo sobre el madero, para que nosotros, estando muertos a los pecados, vivamos a la justicia; y por cuya herida seamos sanados.
1 Pedro 2:24 RV60

La definición de amplitud de corazón: amplio de mente, largueza del corazón, disposición generosa, noble, liberal; la hidalguía de un gran corazón o alma que no guarda rencor. La amplitud de corazón es el arte de poseer gracia cuando se vulnera a una persona. Fue Spurgeon quien a menudo decía: "Toda persona debe cultivar un ojo ciego y un oído sordo." En parte, es la capacidad de dejar pasar ciertas cosas. La amplitud de corazón es la clave para formar discípulos.

Tampoco apliques tu corazón a todas las cosas que se hablan, para que no oigas a tu siervo cuando dice mal de ti; porque tu corazón sabe que tú también dijiste mal de otros muchas veces. Eclesiastés 7:21-22 RV60

La estrechez mental es lo opuesto: falta de tolerancia, ausencia de una amplitud de visión; produce una persona que es parcial, crítica y limitada, que nada puede dejar pasar. Ciertos líderes y pastores creen que pueden decirle cualquier cosa a una persona porque están en una posición de autoridad. Pero si esa persona los critica en algo, entonces ya es un rebelde y un/a chismoso/a. ¡Qué interesante faceta de la personalidad! Es estrechez mental; no logran ver más allá de lo que la persona es en ese momento. Si son ofendidos, se desquitan con críticas, y si son criticados o si alguien no sintoniza con ellos, no logran superarlo. Si detectan una falla en alguien, suponen que deben tratarla urgentemente; montan un circo para tratar con esa persona. No logran apreciar el potencial a futuro de la persona porque no pueden ver más allá.

Y se levantó de mañana y salió el que servía al varón de Dios, y he aquí el ejército que tenía sitiada la ciudad, con gente de a caballo y carros. Entonces su criado le dijo: "¡Ah, señor mío! ¿qué haremos?" Él le dijo: "No tengas miedo, porque más son los que están con nosotros que los que están con ellos." Y oró Eliseo, y dijo: "Te ruego, OH JEHOVÁ, que abras sus ojos para que vea." Entonces JEHOVÁ abrió los ojos del criado, y miró; y he aquí que el monte estaba lleno de gente de a caballo, y de carros de fuego alrededor de Eliseo. Y luego que los sirios descendieron a él, oró Eliseo a JEHOVÁ, y dijo: "Te ruego que hieras con ceguera a esta gente." Y los hirió con ceguera, conforme a la petición de Eliseo. Después les dijo Eliseo: "No es este el camino, ni es esta la ciudad; seguidme, y yo os guiaré al hombre que buscáis." Y los guió a Samaria. Y cuando llegaron a Samaria, dijo Eliseo: "JEHOVÁ, abre los ojos de éstos, para que vean." Y JEHOVÁ abrió sus ojos, y miraron, y se hallaban en medio de Samaria. Cuando el rey de Israel los hubo visto, dijo a Eliseo: "¿Los mataré, padre mío?" Él le respondió: "No los mates. ¿Matarías tú a los que tomaste cautivos con tu espada y con tu arco? Pon delante de ellos pan y agua, para que coman y beban, y vuelvan a sus señores." Entonces se les preparó una gran comida; y cuando habían comido y bebido, los envió, y ellos se volvieron a su señor. Y nunca más vinieron bandas armadas de Siria a la tierra de Israel. 2 Reyes 6:15-23 RV60

Vemos en este texto a un ejército de hombres que ha llegado para asesinar a Eliseo. Ese ejército no vino solo para realizar maniobras de práctica; habían acusado a Eliseo de ser el hombre que le denunciaba al rey de Israel todos los planes de batalla de los sirios (2 Reyes 6:11-12). Eliseo los lleva directo a la ciudad de Samaria y los entrega al rey. Y la Biblia refleja estas asombrosas palabras respecto a la reacción de Eliseo: *"No los mates* (2 Reyes 6:22 RV60)." Qué extraordinaria demostración de gracia.

Pablo le escribe a la iglesia de Corinto recriminándoles la estrechez de corazón.

Nuestra boca se ha abierto a vosotros, oh corintios; nuestro corazón se ha ensanchado. No estáis estrechos en nosotros, pero sí sois estrechos en vuestro propio corazón. Pues, para corresponder del mismo modo (como a hijos hablo), ensanchaos también vosotros. 2 Corintios 6:11-13 RV60

Pablo dice que son estrechos de mente, estrechos de corazón...les dice: *"hemos sido generosos con ustedes pero ustedes han sido estrechos con nosotros."* Y nos enseña...

No mirando cada uno por lo suyo propio, sino cada cual también por lo de los otros...Porque todos buscan lo suyo propio, no lo que es de Cristo Jesús. Filipenses 2:4 & 21 RV60

Un día Cam iba a ver a su padre; Noé se había emborrachado al extremo y quedó reventado en su tienda, desnudo. Cam lo ve, pero en lugar de tener compasión y misericordia de su padre, se mofa de su falla. En vez de cubrirle con un manto y callarse la boca, va y le cuenta a sus hermanos lo que vio (Génesis 9:21-23). ¿Has notado alguna vez lo crueles que pueden ser los niños? Basta que alguno cumpla siete años y deban recetarle un par de anteojos para que comiencen a gritarle "cuatro ojos" y demás sobrenombres hirientes. En lugar de tener compasión hacen de cada falla o defecto el centro de sus bromas y críticas. Así son los niños; cuando llegamos a la edad adulta ya es más preocupante que tú y yo aún no podamos restarle importancia a las pequeñeces. Cam fue maldecido por sus acciones (Génesis 9:24-25). Eliseo hizo la vista gorda y fue un ejemplo de la gracia del Dios viviente. Si pretendes ganar discípulos vas a tener que entender lo que es la amplitud de corazón...creer en alguien más allá de sus imperfecciones.

El Factor Determinante

Las mentes estrechas no logran ver más allá de sí mismas, no pueden ver más allá de la situación actual de las personas porque están más preocupadas por su propio ego. Si alguien de la iglesia los desafía o alguien que le hayan asignado una tarea falla o no cumple con las expectativas, eso ya es una amenaza directa a su ego. Sólo ven los defectos y los errores de las personas. Los estrechos de corazón se aprovechan de las debilidades de los demás para promocionarse; una mente estrecha no puede lidiar con ninguna discrepancia.

Los discípulos divisan a alguien que estaba echando fuera demonios en el nombre de Jesús y no era parte de su pequeño grupo. Entonces le preguntan a Jesús si deberían hacer descender fuego del cielo como hizo Elías con los falsos profetas (Lucas 9:54)...puro amor. Una persona de mente estrecha ve la situación favorable como una oportunidad para ensalzarse. Están permanentemente protegiendo su imagen y defendiendo su posición.

Toda situación en la vida es una intersección. Según cómo actuemos hoy determinaremos lo que sucederá en el futuro. Por tanto tenemos esta revelación: el impacto a futuro se da según nuestra actitud y elecciones. Eliseo no exterminó al ejército sirio y esa decisión afectó el futuro porque: *"nunca más vinieron bandas armadas de Siria a la tierra de Israel* (2 Reyes 6:23 RV60)."* Piénsalo un momento, ha cambiado el rumbo de una nación gracias a la decisión que ha tomado. El factor es la amplitud de corazón. Los que no tienen un corazón ancho no pueden formar discípulos; el motivo es que no poseen una visión a futuro; siempre se quedan en el presente. No pueden pasar por alto las imperfecciones; hacen de la más mínima infracción, desviación, falla o rareza un asunto mayor; lo único que les preocupa es su ego. Esto tiene un impacto negativo en la persona a discipular; su potencial a futuro no es considerado, y se anula el proceso.

Y yo con el mayor placer gastaré lo mío, y aún yo mismo me gastaré del todo por amor de vuestras almas, aunque amándoos más, sea amado menos. 2 Corintios 12:15 RV60

Pablo era un gran entrenador de discípulos porque tenía una visión de Cristo en la gente. Los discípulos inexpertos carecen de los elementos que los habilitan para el ministerio. Mucha gente no lo entiende. Siempre están buscando el discípulo ideal, por eso nunca levantan ningún discípulo y jamás plantan una iglesia; no hallan las personas ideales para que la planten. El asunto es que no poseen un corazón lo suficientemente ancho para apreciar el potencial a futuro en las personas. Cuando Jesús le dirigió a Pedro aquellas palabras Él ya sabía que Pedro iba a fracasar. Así y todo le dice que un día será una roca fuerte; esto es en lo que te convertirás. No le dijo lo que era en ese momento, sino lo que iba a ser. La amplitud de corazón nos permite ver el futuro de una persona por encima de sus imperfecciones. La razón por la que muchos no logran formar discípulos es que no pueden pasar por alto las pequeñas cosas, no tienen amplitud de corazón. No comprenden que lo que importa es el futuro, no el presente.

Hay muchos ejemplos en las escrituras:

Y se juntaron con él todos los afligidos, y todo el que estaba endeudado, y todos los que se hallaban en amargura de espíritu, y fue hecho jefe de ellos; y tuvo consigo como cuatrocientos hombres. 1 Samuel 22:2 RV60

David era un fugitivo que huía de Saúl. Muchos hombres llegaron y se le unieron; eran hombres con agravios, con miles de problemas, sus vidas eran un desastre total. De estos cuatrocientos hombres surgieron los treinta y siete valientes de David que realizaron grandes proezas en Israel. (2 Samuel 23:8-39). Comenzaron siendo una banda de rechazados, pero David supo ver más allá y los aceptó y se convirtió en su capitán.

El pueblo entonces dijo a Samuel: "¿Quiénes son los que decían: '¿Hay de reinar Saúl sobre nosotros?' Dadnos esos hombres, y los mataremos." Y Saúl dijo: "No morirá hoy ninguno, porque hoy JEHOVÁ ha dado salvación en Israel." 1 Samuel 11:12-13 RV60

Y vino David a los doscientos hombres que habían quedado cansados y no habían podido seguir a David, a los cuales habían hecho quedar en el torrente de Besor; y ellos salieron a recibir a David y al pueblo que con él estaba. Y cuando David llegó a la gente, les saludó con paz. Entonces todos los malos y perversos de entre los que habían ido con David, respondieron y dijeron: Porque no fueron con nosotros, no les daremos del botín que hemos quitado, sino a cada uno su mujer y sus hijos; que los tomen y se vayan. Y David dijo: No hagáis eso, hermanos míos, de lo que nos ha dado Jehová, quien nos ha guardado, y ha entregado en nuestra mano a los merodeadores que vinieron contra nosotros. ¿Y quién os escuchará en este caso? Porque conforme a la parte del que desciende a la batalla, así ha de ser la parte del que queda con el bagaje; les tocará parte igual. 1 Samuel 30:21-24 RV60

El Señor...es paciente para con nosotros, no queriendo que ninguno perezca, sino que todos procedan al arrepentimiento. 2 Pedro 3:9 RV60

Es parte de su naturaleza el tratar con las almas. Al formar discípulos debemos involucrarnos continuamente en sus vidas con miras al futuro. Con frecuencia solemos prescindir de Dios, lo quitamos de escena. En nuestra sabiduría y concepción pensamos que podemos discernir los corazones y las situaciones que van surgiendo. Manejamos la iglesia como un negocio y tomamos decisiones sobre el personal de acuerdo al talento y la habilidad. Nos olvidamos de que es Dios mediante, que se interesa en la gente. Necesitamos darle tiempo a Dios para que obre en la circunstancia o asunto que sea.

Y le he dado tiempo para que se arrepienta... Apocalipsis 2:21 RV60

La Clave de la Amplitud de Corazón

La clave está en cómo ves a las personas. Conocemos la clásica historia de Roboam en el Antiguo

Testamento. Es proclamado rey luego de su padre Salomón; el pueblo se le acercó para pedirle un yugo más liviano. Roboam les dice que tendrán una respuesta cuando regresen al tercer día. Mientras tanto, va y lo consulta con los ancianos que solían aconsejar a Salomón, y le dicen que debe escuchar a su pueblo y hablarle amablemente; de esa manera su pueblo lo servirá gratamente para siempre.(1 Reyes 12:1-7). Pero Roboam tenía un corazón estrecho; era como un pastor recién llegado a una iglesia en la que no trabajó y sólo se ve a sí mismo como el jefe supremo. Él no se ganó a aquellas personas; no las trajo a la iglesia, sino que ahora es la persona puesta a cargo con lo cual va a empezar a mandonear y hacerse el malo. Roboam pretende una segunda opinión así que va a hablar con los jóvenes que se habían criado con él.

Entonces los jóvenes que se habían criado con él le respondieron diciendo: "Así hablarás a este pueblo que te ha dicho estas palabras: 'Tu padre agravó nuestro yugo, más tú disminúyenos algo', así les hablarás: 'El menor dedo de los míos es más grueso que los lomos de mi padre. Ahora, pues, mi padre os cargó de pesado yugo, mas yo añadiré a vuestro yugo; mi padre os castigó con azotes, mas yo os castigaré con escorpiones.'" 1Reyes 12:10-11 RV60

No escuchó el corazón de su pueblo; sólo tramaba sus planes oscuros y cometió un error fatal que le costó el ministerio y el reino (1 Reyes 12:19-20). Las personas son muy valiosas para Dios.

Tuvimos un pastor que recién comenzaba y había trabado amistad con unos compañeros. Mientras ellos se quedaron trabajando para terminar de arreglar el edificio, este pastor se va de vacaciones. Fue como decirles: "apúrense, vagos, y terminen ese edificio de una buena vez que me voy de vacaciones." Así es como se pierde un ministerio. Esta gente trabaja todo el día y aún así se ofrecen como voluntarios para ayudar en la iglesia. ¿Sabes lo que es un voluntario? Es ser alguien que no tiene la obligación de ir a la iglesia; no tienen por qué ir a tu iglesia, y se ofrecen. Pero algunos los usan de esclavos para gratificar su ego.

Si eres un líder, has sido designado y elegido por Dios para ayudar a las personas a transformarse en lo que Dios quiere para ellas. No va a venir gente perfecta a tu iglesia; y si vienen y lucen bien por lo general te ocasionarán un montón de problemas. Trabaja y genera tus propios conversos. Dame un drogadicto o una prostituta; alguien de los estratos más bajos de la vida y deja que la Palabra de Dios los moldee y transforme.

La clave de la amplitud de corazón se centra en servir a otros. Eliseo sirvió a estos sirios con carne y bebidas delante de ellos. Los tenía rodeados en plena Samaria; eran completamente vulnerables y él habría tenido motivos más que suficientes para dar la orden de exterminarlos. Eran hombres muertos. Esta gente había venido para asesinarlo, y en vez de vengarse echa la carne al fuego y les ofrece frijoles y tortillas. Luego del buffet les dice que ya son libres y los envía de regreso a casa; esto implicó una dimensión divina. La amplitud de corazón no se da automáticamente ni viene así nomás. Con la caída del hombre se ha entronizado el ego; necesitamos algo superior a nosotros si queremos tener amplitud de corazón.

Da, pues, a tu siervo corazón entendido para juzgar a tu pueblo, y para discernir entre lo bueno y lo malo; porque ¿quién podrá gobernar este tu pueblo tan grande? 1 Reyes 3:9 RV60

Tenemos en estos versos algunas imágenes significativas. Salomón por naturaleza no poseía aquello, pero oró por un corazón y un interés genuino para con el pueblo de Dios. Pidió que sea ensanchado su corazón. Se ha comprobado que en los deportes cuando un músculo se estira está listo para funcionar al máximo de sus posibilidades y capacidad. Esto es doloroso y toma tiempo. Cuando ves a los atletas que se preparan para competir fíjate que primero realizan los ejercicios de estiramiento; lo hacen para poder rendir al máximo. Esto toma su tiempo y es doloroso, pero es fundamental, sobretodo al envejecer. Por las mañanas voy a la oración y me arrodillo o me siento en la plataforma para orar. Hubo una época en la que tan pronto como terminaba de orar me incorporaba de un salto y me iba; hoy por hoy ya estoy más lento. Al ir envejeciendo, los músculos ya no son tan elásticos como lo eran en la juventud. Esto también se cumple en el reino espiritual; con el correr de los años ya no estamos tan dispuestos a tener un corazón ancho para tratar con las personas. Nos volvemos estrechos de mente. Esto representa un peligro enorme para los pastores de más edad...las personas se vuelven descartables. Necesitamos la ayuda de Dios.

Y Dios dio a Salomón sabiduría y prudencia muy grandes, y anchura de corazón como la arena que está a la orilla del mar. 1 Reyes 4:29 RV60

Entonces verás, y resplandecerás; se maravillará y ensanchará tu corazón... Isaías 60:5 RV60

La amplitud de corazón tiene que ver con tu actitud hacia las personas y cómo tratas con ellas. Un trato adecuado libera el potencial de Dios en ti permitiéndote tocar vidas. Pedro fracasó miserablemente al negar al Señor tres veces; ahora se siente vulnerable. Tenía tanta confianza en sí mismo, pero ahora su corazón estaba listo para ser ensanchado. Jesús los encuentra pescando a los discípulos y le dice a Pedro tres veces: *"Apacienta mis ovejas* (Juan 21:15-17)." De un discípulo fracasado, de un ser humano imperfecto como tú y yo, surge un hombre que impresionaría a tres mil almas en un sermón (Hechos 2:41). Algo sucedió en Pedro; una dimensión sobrenatural inexplicable ha transformado su corazón. De su fracaso él posee ahora una comprensión del interés de Dios en las personas. Hay en él ahora una amplitud de corazón que le permitió alcanzar las almas de los hombres.

Edwin Stanton fue el secretario de guerra de Abraham Lincoln. Lejos de respetarlo, lo ridiculizaba, lo insultaba y criticaba permanentemente. Lo tildó de idiota y de típico matón. Un día alguien fue y le contó al Sr. Lincoln que Stanton le había dicho que era un imbécil por una orden que había dado sobre el movimiento de tropas. "Si Stanton dijo que soy un completo imbécil, entonces debo serlo, pues casi siempre tiene razón, y por lo general dice lo que piensa. Iré a verlo." Lincoln rehusó enfurecerse porque tenía un corazón ancho. El Sr. Stanton se convirtió en uno de los aliados más grandes de Lincoln. En su funeral, Stanton pronunció un panegírico y dijo: "Aquí descansa uno de los hombres más grandes que hayan vivido."

Quieres una iglesia grande. Quieres predicar y que la gente te siga. Quieres generar un impacto. La amplitud de corazón es fundamental.

El Aislamiento
Por Wayman Mitchell

Su deseo busca el que se desvía; está en contra de todo buen consejo. No toma placer el necio en la inteligencia, sino en que su corazón se descubra. Proverbios 18:1-2 RV60 & NBD

En su libro *A salvo en Damasco*, el autor Amnon Sharon cuenta cómo fue capturado por los sirios en la guerra del Yom Kippur, en la que participó como oficial de la división de tanques. Pasó la mayoría de sus días en prisión en un confinamiento solitario, siendo torturado varias veces al día, y ha escrito un libro donde documenta las distintas etapas por las que atravesó.

Hay gente que está en un confinamiento solitario premeditado debido a su personalidad. Por cómo ven el mundo y procesan la vida están siempre atormentados y viven una vida de abandono. En el libro *La Iglesia Profunda* de Jim Belcher, el autor contrasta las iglesias tradicionales que son bien grandes y donde hay muy pocas relaciones personales, con lo que él denomina la iglesia emergente, que por lo general consiste en un pequeño grupo más íntimo y que se presta al diálogo. El autor sostiene que la gente se está acercando cada vez más a estos grupos porque buscan algo más personal en lugar de la soledad que experimentan en el ambiente de las iglesias más grandes y formales.

Hay una cierta tendencia hoy día hacia el individualismo. Se ensalza la figura del "tipo duro y autosuficiente" y se disparan los deseos, metas y búsquedas personales. Si bien esto es válido, hay un énfasis tremendo en los individuos que poseen cierto talento o habilidad excepcional. Los libros, las películas y el mundo del deporte hacen hincapié en el héroe exitoso por su talento. En algún lado leí la frase: "La mejor descripción de la sociedad de hoy día es un hombre sentado mirando televisión." La gente está desconectada de la realidad y absorbida en su propio mundo. Y para colmo la internet. La única relación que tienen las personas es con la computadora; se comunican con gente que jamás conocieron y que probablemente mienten sobre su identidad. Dios no nos creó para una vida sin relaciones; debes entender eso. Sino, no captarás la esencia de lo que Dios quiere para ti. Tú y yo hemos sido diseñados criaturas sociales con la capacidad de comunicarse por una razón.

Padre de huérfanos y defensor de viudas es Dios en su santa morada. Dios hace habitar en familia a los desamparados... Salmos 68:5-6 RV60

Dios creó la iglesia para que sea una comunidad. No obstante, la vida tiende a aislarnos y a descarrilarnos del propósito original de Dios. El equivalente en hebreo de aislamiento es una palabra que designa a alguien que es divisivo o huraño o solitario. Muchas veces las familias se lo atribuyen a sus hijos prejuiciosamente.

Yo me crié en Prescott, Arizona, una pequeña localidad pueblerina de campesinos blancos. Pero al crecer con hispanos di por sentado que había otros tipos de personas en el mundo. Recuerdo hace muchos años mis tiempos en la milicia; me habían emplazado en Illinois, que está en el norte. Éramos varios muchachos del sur los que estábamos allí, pero solo tenían en cuenta a los que estaban por encima de la línea Mason-Dixon (línea horizontal de la mitad para arriba de los Estados Unidos). Jamás en la vida había sufrido semejante discriminación. Se ve que aún seguían peleando la Guerra Civil. Una vez estábamos comiendo cuando un tipo grandote de Kentucky vino al frente de la línea; agarró a un soldado negro, lo sacó fuera y le dijo que regresara a su pueblo. Lo entrenaron así por cómo se había criado. La gente permanece segregada y aislada debido a ideas preconcebidas sobre los demás.

Muchas veces en la vida hay situaciones que hacen que un individuo comience a aislarse. La tragedia, por ejemplo, frecuentemente provoca aislamiento. Ya sea la pérdida de un ser querido, el fracaso en el matrimonio, o la traición en una relación. Tal vez una decepción en la vida, en la iglesia, o en el ministerio de una iglesia puede hacer que alguien se desilusione. A veces las enfermedades y las afecciones llevan a la autocompasión, que a menudo acarrea cierto aislamiento. Para poder procesar la vida afectiva debemos permanecer conectados con la gente. Sin embargo, muchos tienden a encerrarse en sí mismos. Se retraen.

Cuando la persona se aísla su juicio se distorsiona. Nuestro texto en Proverbios dice: *"...está en contra de todo buen consejo."* Se rebela contra todo sano juicio. Comienza a tener lugar una dinámica mental enfermiza; un desequilibrio emocional y dimensional. Las personas que se aíslan se vuelven introspectivas y rara vez se extienden más allá de su propia personalidad. Son casos de *narcisismo*, término clínico derivado de la mitología griega. Según la leyenda, un joven apuesto llamado Narciso se detuvo junto a un lago para beber. Cuando vio su propio reflejo quedó hipnotizado. Se quedó mirándose a sí mismo hasta que al final se muere y se convierte en una flor. Los psiquiatras hacen mucho dinero al tratar con este problema de la personalidad humana. La vida entera gira en torno a ellos mismos, sus puntos de vista y sus experiencias. El narcisismo y el aislamiento se alimentan a sí mismos como una enfermedad y destruyen la capacidad de tomar sanas decisiones. Pervierten las emociones; las personas pierden el gusto por la vida y desarrollan una visión negativa.

Se han llevado a cabo experimentos sociales que documentan esta necesidad absoluta de una relación adecuada con otras personas. Abraham Lincoln sintió que su poder como presidente de los Estados Unidos era peligroso. Por eso se rodeó de gente que no pensaba como él, de manera que al contestar sus preguntas y tratar con visiones opuestas pudiese lograr un equilibrio adecuado.

Me contaron de un francés que realizó un experimento interesante sobre el aislamiento. Se fue a México donde se propuso pasar un año en una cueva para estudiar cómo el aislamiento afecta la personalidad humana. Se abasteció allí de agua y alimentos, y se llevó un rifle para sobrevivir durante un año. Tenía un teléfono, pero al cabo de dos semanas de soledad algo comenzó a suceder en este hombre que ya no quiso atender el teléfono. Su juicio y su persona comenzaron a desvirtuarse. Era un tirador excelente pero ahora era incapaz de apuntar su rifle correctamente. Se hizo amigo de una rata. A los seis meses tuvieron que ir a rescatarlo porque se había vuelto completamente loco. Así se confirmó que la personalidad humana no es capaz de funcionar ni sobrevivir correctamente sin relacionarse con otros individuos.

Cuando estuvimos de excursión grupal por Israel, había una australiana que había vivido hace años en un kibutz de Israel. El guía turístico aprovechó la ocasión para explicar el movimiento de los kibutz y cómo sirvió de base para la fundación del Israel de hoy día. Un kibutz consiste básicamente en una vida comunitaria en torno a la agricultura, por ejemplo una granja. Los niños estaban hospedados todos juntos y solo veían a sus padres los fines de semana. Esto ya dejó de practicarse porque se descubrió que los niños no podían desarrollarse debidamente sin el lazo paternal. El libro *La Prueba Israelí* de George Gilder lo confirma y ejemplifica en detalle. Esta no es la manera en la que Dios ha creado las cosas, más allá de lo que Hillary Clinton piense. ¡Se necesita una familia para criar a un hijo, no un pueblo!

Pero si tenéis celos amargos y contención en vuestro corazón, no os jactéis, ni mintáis contra la verdad; porque esta sabiduría no es la que desciende de lo alto, sino terrenal, animal, diabólica. Porque donde hay celos y contención, allí hay perturbación y toda obra perversa. Santiago 3:14-16 RV60

Santiago nos advierte de las consecuencias y el resultado del aislamiento. El endemoniado gadareno es otro ejemplo a graficar (Lucas 8:26-39). Este hombre vivía en sepulcros, era presa de muchos demonios, estaba aislado de la sociedad, desconectado de su familia. Está desnudo, aúlla como un lobo, y a veces se le da por cortarse la piel. Jesús le concede liberación y sanidad, expulsando a la legión de demonios que lo poseían desde años. Cuando Jesús se estaba yendo el hombre quiso ir tras él, pero el Señor le dijo algo interesante (parafraseado): "Quiero que regreses a tu casa, a tu familia, para que te relaciones con ellos. Quiero que les cuentes lo que Dios ha hecho por ti."

El sanar nuestra persona para poder relacionarnos debidamente con los demás es parte de la redención. El cristianismo no se trata de: "Jesús y yo." Cuando fuimos a Israel visitamos la naciente del Río Jordán que parte del mar de Galilea. Ese es el lugar donde tradicionalmente la gente se bautiza, y para muchos es el acontecimiento más especial de sus vidas. Se ha desplegado toda una industria al respecto y centenares de personas llegan hasta allí y hacen fila para bautizarse en el Río Jordán. Allí vi algo que jamás había visto en toda mi vida. Había un grupo de aproximadamente cincuenta personas que se estaban bautizando. Vestían túnicas bautismales y todo, pero nadie los tocaba. Mientras los veía colocarse las manos en la cabeza y sumergirse, me preguntaba: "¿Y quiénes son estos?¿Acaso no confían en nadie para que los bautice?" ¿Qué nos dice esto acerca de su relación con Dios y los demás? Incluso Jesús mismo permitió que Juan lo bautizara para cumplir con la voluntad de Dios (Marcos 3:13-15). La reconciliación con Dios facilita la reconciliación con los hombres.

En la película *Epicentro* de Joel Rosenberg, hay una entrevista con un terrorista palestino, cuya vida ha estado signada por el odio hacia los judíos. Mas luego se convierte y lo primero que hace es orar por la paz en Jerusalén. ¡Eso es fenomenal! Cuando nos reconciliamos con Dios algo ocurre en nuestra personalidad que nos induce a querer reconciliarnos con la gente. El odio y la amargura desaparecen y buscamos el favor de los hombres. Jamás olvidaré el hecho de que cuando era nuevo converso quería regalar cosas. No tenía mucho, pero este ex introvertido de golpe quiso relacionarse con otras personas. Ni bien Zaqueo se convierte le promete a Jesús que dará la mitad de sus bienes a los pobres y cuadruplicará a todo aquel que haya estafado (Lucas 19:8). Esto es una profunda revelación de lo que Jesucristo puede hacer en el corazón humano.

¡Mirad cuán bueno y cuán delicioso es habitar los hermanos juntos en armonía! Salmos 133:1 RV60

Una mañana luego de finalizado el servicio se me acercaron dos familias para pedirme si podía mediar en la discusión. Les dije que no quería estar en medio de la batalla, que ellos debían buscarle una solución. Uno podría preguntarse qué clase de pastor soy…simplemente un pastor normal que entiende que si eres un creyente de verdad tienes que estar predispuesto a relacionarte honestamente con los demás. Al final llegaron a una tregua, ambas familias continúan en la iglesia y se aman mutuamente. Fíjate en tus propias faltas, amargura, odio, prejuicios o lo que sea que te haya aislado de tu entorno. Debes superarlo tal como ellos lo hicieron con éxito. Este es el testimonio de la iglesia del Nuevo Testamento.

Y vendían sus propiedades y sus bienes, y lo repartían a todos según la necesidad de cada uno. Y perseverando unánimes cada día en el templo, y partiendo el pan en las casas, comían juntos con alegría y sencillez de corazón, alabando a Dios, y teniendo favor con todo el pueblo. Y el Señor añadía cada día a la iglesia los que habían de ser salvos. Hechos 2:45-47 RV60

Una de las bendiciones más grandes que proporciona el auténtico compañerismo cristiano consiste en un lugar donde la gente que está distanciada, aislada y en soledad pueda acercarse en fraterno amor a los demás. Cuando finalizamos el servicio, todos se quedan dando vueltas, charlando o esperando. Lo que quieren es estar juntos. No sé cuánto tiempo se quedan porque al final yo me vuelvo a casa, pero ellos aún siguen allí. Finalmente los ujieres informan que deben ordenar la iglesia y prepararla para el siguiente servicio. Se genera un ambiente maravilloso cuando personas solitarias, aisladas y con una necesidad atroz de relacionarse se juntan para forjar nuevas relaciones.

Os ruego, pues, hermanos, por el nombre de nuestro Señor Jesucristo, que habléis todos una misma cosa, y que no haya entre vosotros divisiones, sino que estéis perfectamente unidos en una misma mente y en un mismo parecer. 1 Corintios 1:10 RV60

En la mañana de nuestro primer día en Israel, durante el desayuno, mientras repartía información turística empecé a fijarme en los grupos con la intención de divisar a los individuos más apartados y desentendidos. Si no has logrado identificarlos, como para que lo tengas en cuenta, estarán fotografiando una piedra cuando el resto del grupo se encuentra a una milla más adelante. Así que me puse a buscar a la multitud y vi a un joven de Massachusetts sentado en soledad. Me convencí de que se trataba de un típico solitario al que le cuesta hacer amigos. Me acerqué a unos tres jóvenes y les dije: "No miren pero allí hay un joven, así que les pido que se le acerquen y lo integren, porque no tiene a nadie con quien hablar." Y de inmediato fueron hasta allí ni bien me retiré de la mesa, y le dijeron: "Amigo, ven aquí a comer con nosotros." Fue interesante ver cómo continuaron relacionándose durante el resto de la excursión. Diría sin lugar a dudas que aquello ha sido lo más maravilloso que le ha ocurrido a ese joven en la excursión. Dios ha proporcionado en su redención la capacidad de relacionarse con otras personas.

Pedro fracasó miserablemente cuando negó tres veces al Señor. Sin embargo, tenemos este magnífico cuadro del corazón de Dios cuando el ángel del Señor se les aparece a dos mujeres luego de la resurrección de Jesús y dice: *"Pero id, decid a sus discípulos, y a Pedro, que él va delante de vosotros a Galilea; allí le veréis, como os dijo* (Marcos 16:7 RV60 con énfasis añadido)." Esta es una de las facetas más profundas y gloriosas de la historia del evangelio porque Dios lo quería a Pedro de regreso en compañerismo. Todos los discípulos estaban al tanto de lo que él había hecho y obviamente se sentía solo e indigno.

Nuestra tarea consiste en integrar las personas solitarias a la familia de Dios. El mundo está lleno de personas que de una u otra forma están aisladas y el evangelio les provee de una familia con la que pueden relacionarse, a la vez que las ayuda a mantener una relación saludable con Dios.

Consejos Prácticos para los Nuevos Obreros
Por Wayman Mitchell

No sé de dónde nos hacemos la idea de que ahora que somos pastores operamos en un plano espiritual en el que sólo nos basta respirar para que Dios de alguna manera se encargue del resto. La realidad es que hay una gran cantidad de cosas que influyen en nuestro ministerio y la forma en que afecta a las personas.

El Edificio

Una de las cosas más básicas y a la vez importantes de toda iglesia es la propiedad física en sí misma. Todos venimos de realidades diferentes, con lo cual tenemos conceptos diferentes respecto de lo que es aceptable en el mantenimiento de un edificio. Luego de haber predicado en algunas iglesias de nuestro compañerismo quedé pasmado al ver cuánta gente no se preocupa por el césped, los árboles, la pintura ni por el aspecto básico de un edificio. En la primera iglesia donde fui pastor había escombros desperdigados, chatarra, tabiques divisorios y sillas viejas y rotas en el pasillo al sótano que estaba a la entrada de la iglesia. Me pareció espantoso. Tengo un complejo con la limpieza. Hoy por hoy en Prescott, si veo un pedacito de papel o cualquier tipo de residuo en el suelo, me detengo allí mismo a levantarlo y lo arrojo en el cesto de basura más cercano. Esto es fundamental, pues mucha gente no viene a la iglesia debido a la mugre. Podrán venir de visita por primera vez, pero no tolerarán el desorden y no regresarán. Esto implica que es vital que la iglesia refleje ser un lugar limpio y ordenado.

Una de las cosas más importantes de un edificio es su letrero. Para mí no hay nada peor que un letrero improvisado. Cuando un hombre sale al campo se le prohíbe expresamente que su cuñado ejercite sus habilidades artísticas sobre nuestra propiedad, así sea por mitad de precio. Más bien prefiero que acuda a un diseñador profesional de letreros para que le explique cómo lo quiere y así obtenga un resultado profesional. Las personas juzgarán tu ministerio por tu letrero. Un letrero barato e improvisado en manuscrito sobre la fachada de una iglesia refleja exactamente lo que ocurre allí adentro. Cuando entro a una tienda que luce sombría, no tengo manera de saber qué clase de servicio voy a obtener. Cuando dispones de un buen edificio con un buen letrero profesional ya la gente se da cuenta a simple vista de que es en serio. También es importante elegir los colores apropiados para el letrero. Mucha gente no sabe que el rojo y el blanco son los peores colores a utilizar. Una de las mejores combinaciones de colores a elegir para un letrero es negro y naranja; estos colores llaman inmediatamente la atención, incluso en una hilera de letreros.

No menos importante es el color del edificio. Una vez fui el pastor de una iglesia que tenía alfombra roja y molduras azules. Hay algo en el rojo que perturba el espíritu y afecta todo lo relacionado con el servicio. Si entras a una tienda te darás cuenta de que hay todo un estudio detrás de las combinaciones de colores; fíjate que en un sitio de comidas rápidas se usa el anaranjado y el marrón, pues al cabo de treinta minutos uno ya se siente incómodo. Sólo buscan que comas y te largues. Tú dices: "¡El Espíritu Santo se sobrepondrá a esto!" El Espíritu Santo ya tiene bastante luchando contra la naturaleza humana como para que le sumes más problemas. Necesitas estudiar una combinación de tonos neutros y colores suaves que te ayuden a crear una atmósfera donde la gente sea abierta y receptiva.

La iluminación es extremadamente importante. Muchos de nosotros hemos trabajado en ambientes poco menos que ideales, pero lo cierto es que podemos hacer mucho para controlar el entorno. La iluminación afecta a todo el servicio, por eso es esencial conseguir un edificio lo más luminoso posible. Esto aplica sobretodo al púlpito. La buena lumínica facilitará la visión del orador y el público podrá centrarse en él. En Perth, Australia, donde me desempeñé como pastor, el edificio era viejo y las luces encandilaban a todo congregante que se esforzaba por ver al orador. Lo primero que hice ni bien llegué allí fue darle una escalera a un hermano para que las corra de lugar. Era algo irritante y molesto que surtía un efecto negativo en las personas. Las dos primeras preguntas que le hago a un nuevo pastor al catalogar el edificio son: "¿Cuán alto es el techo; y qué clase de iluminación tiene?" Un edificio con un techo alto permite que la gente pueda reunirse sin dejar de respirar. Si metes a setenta y cinco personas en un edificio de sólo ocho pies de alto se asfixiarán por calor humano y afectará tremendamente el servicio. También es cierto que si hay luz incandescente no habrá iluminación suficiente y las lámparas despedirán demasiado calor. La única manera de solucionar esto es incurrir en el costo de colocar luz fluorescente. Estas son las preguntas que hago a la hora de tomar una decisión con respecto al edificio.

Los púlpitos que se usan en muchas iglesias son espantosos. Cuando eres joven y tu visión es perfecta, le restas importancia, pero para los de más edad es otra historia. Cuando comienzas a usar gafas se te hace más difícil leer los apuntes; con lo cual necesitas un púlpito de una altura estándar con una superficie en declive y de base rugosa o antideslizante. En muchas iglesias uno se ve forzado a hacer malabarismos con la Biblia y los apuntes. Es algo muy sencillo y económico colocar una cartulina, cartoncillo o fieltro sobre el púlpito. Eso te ayudará a fijar las notas bien arriba a la altura de los ojos sin perder de vista a la congregación. El contacto visual es fundamental en la comunicación, pero igualmente cualquier predicador digno de sí mismo predica con apuntes. Si lo hace sin ellos nadie querrá que regrese porque acabará diciendo lo mismo. Es muy sencillo conseguir un púlpito de una altura tal que te permita bajar la vista a tus notas sin perder el contacto visual con la congregación e ir manteniendo el ritmo. La atención se logra con el contacto visual. Si un hombre intenta hablar sin mirar al público, la atención durará seis o siete minutos hasta que comenzarán a bostezar y a quedarse dormidos. Si no me crees, haz la prueba y predícale a la mitad de tu congregación manteniendo contacto visual sólo con ellos, luego observa a la otra mitad y verás cómo duermen.

La Comunión

Cuando sales a pionar una iglesia, seleccionas un grupito religioso que son buena gente. Ellos se acercan, ofrecen sus diezmos y demuestran ser buenos obreros; habían estado esperando ese momento. La mayoría de ellos pronto comenzarán a preguntarte: "¿Cuándo vamos a tener comunión?" Hablaba con un pastor de Australia al respecto; allí, cada domingo es día de comunión, incluso en las iglesias pentecostales. No hay evangelismo ni llamado al altar los domingos por la mañana porque es el momento de la comunión. Es así; siempre fue así; es un rito establecido. Le dije: "Es muy astuto de tu parte hacer comunión tan pronto. No te edificará ni quebrantará, e incluso podrás tener tu propia convicción respecto a la frecuencia del servicio. De aquí a un año podrás ministrar tus propias convicciones al respecto, pero mientras tanto no implicará que ellos cedan a su naturaleza religiosa, prediquen sobre la sangre de Cristo y salgan a misionar felices. No volverán a pedírtela nuevamente por seis meses." Es una picardía hacer eso en una nueva iglesia.

La Escuela Dominical

Tal vez no sea importante para ti, sobretodo si no tienes hijos, pero en los Estados Unidos la mayoría de las personas creen que la escuela dominical es el medio para entrenar a sus hijos. Desde ya que no lo es, por supuesto, pero ellos creen que sí. No lograrás aprender en una hora de escuela dominical lo que se aprende en el hogar el resto de la semana, pero igual es valiosa. La mayoría de las personas que visitan tu iglesia creen que es importante que sus hijos reciban entrenamiento cristiano.

Tu iglesia será catalogada según posea o no una escuela dominical.

Si cuentas con alrededor de cincuenta personas en tu congregación definitivamente deberías tener una escuela dominical, pues realizará una serie de cosas en tu iglesia. Primero, creará una base para que las familias que visitan se identifiquen con la iglesia. Segundo, hará que los obreros se comprometan de lleno con la palabra de Dios, al enseñar a cualquier grupo de edad que les asignen. Esto los ayudará a disciplinar sus mentes, y, sorprendentemente, la responsabilidad los hará más fieles. Tercero, te confiere la responsabilidad de dar clases para adultos. La razón principal por la cual los predicadores no desean tener una escuela dominical para adultos es que precisamente ya tienen que preparar tres sermones por semana y por ello no quieren sumar uno más. Son perezosos. Sin embargo, el conocimiento extra en las distintas áreas que el estudio bíblico te posibilitará abordar le otorgará mayor profundidad a tu predicación, lo cual redundará a su vez en mejores y más poderosos mensajes en los próximos meses y años. Cuarto, te provee de una plataforma para tratar aquellos problemas de tu congregación que no se han podido tratar en el sermón. Tratarás mayormente con el grueso de la iglesia y tendrás la posibilidad de abordar asuntos con la intensidad y profundidad que no se encuentran al momento del sermón. Quinto, si eres un instructor sensato que permite la interacción, podrás ver cómo se involucran en su nivel real y no en el nivel que tú crees que están. Así podrás hacer preguntas y obtener sus respuestas, y ello generará una revelación de la naturaleza humana. Te asombrarás de ver cuántas personas no tienen idea de lo que predicas; si no me crees, tan solo hazles algunas preguntas el próximo domingo.

Estuvimos allí un domingo en la mañana con ocasión de un programa navideño para los más chiquitos. Me deleitaba observando cómo los infieles salían fieles. Mamá y Papá participaban porque su pequeñito era parte del programa navideño. Si dices: "Yo no voy a hacer eso," genial entonces; ve y ministra a tus cinco personas y sé feliz. En cambio, si pretendes tener una gran congregación, debes aprender a ministrar a una gran variedad de necesidades. Hay personas que jamás se dedicarán de lleno a una iglesia, pero dichas personas tienen una influencia en la comunidad y testifican a la gente. Ellos hablarán de tu iglesia, y no te harán daño siempre y cuando los ministres tal cual son, esperando que algún día le permitan a Dios hacer Su voluntad en ellos. Un pastor sabio deja que se transformen en una influencia positiva en la comunidad y no los echa.

Las Clases de Nuevos Conversos

En la iglesia de Prescott las tenemos los domingos en la mañana durante la hora de la escuela dominical. Muchas iglesias las dan en noches diferentes. El problema es que estas personas ya están muy comprometidas con las actividades de la iglesia. Al hacerlo un domingo en la mañana, suceden varias cosas. En lugar de hacerlo tú mismo, puedes dar comienzo a otro ministerio. Algunos pastores creen que sus nuevos obreros no están aún calificados, pero la mayoría de los pastores al principio tampoco están calificados. Todo aquel que tenga seis meses de salvo es apto para la instrucción. Si son salvos y aman tu iglesia, harán un buen trabajo. Debes emplear elementos sencillos y ayudarlos a contestar toda pregunta que exceda su capacidad. Esto contribuirá al desarrollo del obrero y sentará una sólida base en estos nuevos conversos.

Un Exceso

Otro gran problema en las congregaciones es el pastor que se siente inseguro y trata de establecer su trono. Comete lo que yo llamo un exceso. Esto ocurre cuando cree ver amenazada su autoridad, o cuando el bienestar de su futuro está en peligro. Un exceso significa tomar medidas extremas ante faltas leves. Es importante no morir en el campo de batalla erróneo.

Hace años en Australia teníamos a un joven pastor a cuya iglesia acudía un senador de la zona una o dos veces al mes cuando estaba en la ciudad. Este joven pastor no pudo apreciar el hecho de que este hombre había sido salvo por mucho tiempo. Tenía muchos intereses, y había apoyado considerablemente a la iglesia a través del dar y de su desempeño como influencia cristiana en aquella comunidad. En un servicio, cuando el pastor pidió que pasen a dar testimonios, dijo: "Sólo queremos que testifiquen aquellos que son miembros de la iglesia." El senador se puso de pie pero el pastor le dijo que no era un miembro de la iglesia y que por eso no debía testificar y le pidió que vuelva a tomar asiento. Esto devastó al senador. Él no era un psicótico ni un demonio; era simplemente un hombre que tenía algo que decir. No hay nada que pudiese haber dicho que fuese tan malo, pero el ego del pastor se vio amenazado porque este hombre no venía a todos los servicios. Todo esto resultó absolutamente innecesario, y sea como fuere la influencia que el senador podía tener sobre aquella comunidad ahora es negativa. Tenemos que estar seguros de no ser culpables de esto.

Yo tengo problemas en mi congregación, y siempre tendremos problemas. Los pastores salimos de un embrollo y nos metemos en otro, pero eso se da con el territorio. Muchos tienden a golpear el púlpito el domingo en la mañana y creen que pueden resolver todos los problemas. Entonces te subes al caballo blanco con tu armadura resplandeciente y te montas a la carga; es el peor error que puedes cometer. Yo trato con los asuntos, desde luego, pero lo hago de una manera diferente. Si predico acerca de los problemas de las personas, primero las hago reír y luego saco el bisturí.

Prefiero esperar a que Dios me dé luz verde para ministrar. La gente a veces cree que no tengo idea de lo que sucede, pero lo cierto es que es muy raro que haya algo que esté sucediendo en la congregación de lo que no esté al tanto. La "mafia espiritual" no tardará en hacértelo saber. Una cosa que necesitas entender es que los hechos no siempre son lo que aparentan. Si fulanita de tal viene y te dice que ocurrió esto y aquello, y luego sales a la carga a predicar sobre ello, o vas a la casa de aquellas personas a contarles lo que has oído, entonces eres una persona muy inmadura. Pronto descubrirás que por lo general los hechos no eran ciertos y la situación no tiene nada que ver con cómo te la contaron. Incluso, es muy probable que la persona que te reveló la información sea la culpable. Si no eres precavido terminarás atrapado en un nido de avispas y saldrás con la nariz ensangrentada. Hay ciertas cuestiones personales y asuntos doctrinales que si los tratas desde el púlpito harás que algunos se ofendan y ganarás enemigos. Las personas provienen de distintos entornos y no siempre están de acuerdo con todo lo que hacemos; yo no me encaramo en el púlpito en santa ira, sólo aguardo el momento oportuno de Dios.

Tuvimos un caso reciente de un hombre que no creía en el diezmo. La situación se dio de tal manera que en la escuela dominical justo estábamos tratando con el dar y la adoración. Puse su teología en ridículo, y no pudo acusarme de que me lo haya tomado personalmente porque era una parte normal de mi estudio. Al final todo terminó bien y aún me quiere. En muchos casos, si solo te dignas a ser paciente, estas personas vendrán a ti a pedirte consejería. Recién entonces podrás, con tacto, resolver el problema. Mi responsabilidad es tratar de salvar a estas personas. No te involucres en excesos; no quieras dispararles a las moscas con balas de cañón.

Reuniones de Oración

Me asombra ver que en algunas iglesias nuestras no haya reuniones de oración establecidas regularmente. Creí que todos en nuestro compañerismo sabrían que es una parte importante de nuestro ministerio. Yo solía orar a una hora fija y establecida cuando no había nadie orando en nuestra iglesia. He ido a reuniones de oración a las que nadie iba, o la única persona que venía lo hacía treinta minutos tarde. ¡Lo que vas a tener que hacer es disciplinar tu vida! Las reuniones de oración son el resultado de tu liderazgo y ejemplo. No esperes a que alguien venga y te pida tener reuniones de oración; esto es parte de lo que creemos. Si pretendes que Dios se mueva, vas a tener que aferrarte a Él. Necesitas tanto la oración íntima como la colectiva. Toma la determinación de que estarás allí para orar, más allá de si alguien decide venir o no. Para lograr una disciplina de oración en tu iglesia, vas a tener que predicar al respecto.

Cuando regresé a Prescott de Australia, las reuniones de oración se habían reducido a casi nada. Prediqué diciendo: "Queridos hermanos, mañana a las siete de la madrugada quiero animarlos a acompañarme aquí en oración. Los animo a que me acompañen una hora antes de cada servicio en oración. Yo estaré aquí y quiero que me acompañen." Esto hizo que las reuniones de oración se multiplicaran de la noche a la mañana. La disciplina que se tiene en la oración es sumamente importante. Vas a tener que buscar a Dios tú mismo, y debes dar el ejemplo en la oración colectiva.

La Autoridad

El verdadero milagro es que la gente definitivamente continúe viniendo a tu iglesia. Los nuevos pastores desperdician demasiado tiempo tratando de demostrar que son el hombre de Dios en la fe y el poder, y que si te atreves a cruzarte en su camino probablemente serás hombre muerto. En realidad, si un pastor se dedicase simplemente a servir a las personas, ellas sabrán quién es el pastor. Es triste ver que alguien se crea que lo tengan que llamar Reverendo solo por haber recibido autoridad. Se obsesionan con un título y le dicen a la gente: "No me llamen Wayman, llámenme Pastor." Me han llamado de maneras mucho peores que Wayman así que si nadie me llama peor que eso ya estaré contento. No me molesta en lo más mínimo. No tengo que andar recordándole a la gente que soy el pastor; todo eso es pura idiotez y jamás lo hallarás en las escrituras. De hecho, hallarás lo opuesto. Un pastor no es mejor que cualquier otra persona. Simplemente eres la cabeza de la congregación con la responsabilidad de organizar, coordinar, servir y lograr que las personas rindan sus frutos.

Predicando en la Calle

Es un ministerio válido en el cual todos participamos de tanto en tanto. Cada ciudad es distinta al respecto. Algunas ciudades cuentan con lugares especialmente propicios para los evangelismos y la predicación en la calle, ya sea una escuela, un puesto de hamburguesas o un punto específico de la ciudad. La predicación en la calle debe hacerse equilibradamente; pues si abusas de la frecuencia en un lugar específico arruinarás la eficacia del ministerio. El primer evangelismo será tremendo, quizá el segundo y el tercero sean fantásticos, pero para el cuarto te arrojarán tomates y luego huevos, tras lo cual se terminará convirtiendo en una sesión de antagonismo. Esto es algo que se ha visto una y otra vez. Siempre habrá algún chiflado al que le falta una plataforma para subirse y hablar, totalmente desinhibido. Está presente en toda congregación, y una vez que se hace de un grupito de personas que se paran tras él, ya ha conseguido su plataforma. Es mayor el daño que te provocará que el beneficio; si eres prudente, tomarás el control de la predicación en la calle. No hablo de testificar o repartir panfletos, pero cuando te plantas y te diriges al público debes hacerlo con cierta armonía. Esto significa simplemente hacerlo una semana sí y la otra no. Sólo así evitarás el antagonismo.

Hay ciertos sitios que son especiales para la predicación en la calle. En Perth teníamos el centro comercial Hay Street Mall, un bonito lugar de ladrillo vistoso y con maceteros. Se halla en una enorme área metropolitana y la calle estaba cortada a ambos extremos. Uno podía ir allí y repartir cinco mil volantes en un abrir y cerrar de ojos. Es uno de los mejores sitios que he visto en mi vida para hacer evangelismo; incluso la policía vigila a los borrachos y pervertidos, manteniéndolos alejados. Tuvimos una afluencia constante de visitas y conversos de aquel centro comercial, pero conozco a los comerciantes: si hubiésemos abusado, el plan de Dios habría fracasado. En la iglesia había un individuo que no podía parar de ir allí a evangelizar cada semana. Era uno de esos fanáticos extremistas que buscan una plataforma; quería usar nuestra carta de presentación y salir a predicar. Le dije que podía ir todos los jueves a repartir volantes, pero que nos reuniríamos todos una vez al mes. Si te pasas de la raya, de alguna manera los comerciantes buscarán decretar alguna ordenanza y acabarán con todo. Quizá puedas salir a un centro comercial y disponer de amplia libertad, pero si se te salta la térmica importunando a la gente con cuatro toneladas de folletería tres veces por semana, sólo será cuestión de tiempo hasta que expidan una ley y te detengan. Hay algunos sitios en los que los pastores jóvenes han fastidiado a la comunidad de tal manera que ya no pueden regresar. Con apenas un poquito de sentido común lograrás crear una plataforma para el evangelio. Cuando la mayoría de los centros comerciales están repletos, los guardias de seguridad y demás comenzarán a asediarte. Por ley eres libre de transitar por cualquier parte en Estados Unidos y repartir folletería. Y esto está avalado por la Corte Suprema: tú estás en tu derecho de hacerlo. No obstante, el hacerlo en tu zona te costaría unos cuantos miles de dólares, y francamente no vale la pena. Tal vez si pudieses ganar cuarenta o cincuenta almas en cada campaña entonces dicha inversión de miles de dólares tendría sentido sirviendo de gran justificación. Lo interesante de los centros comerciales es que cada tanto cambian de gerente, con lo cual, si eres paciente, te abrirá sus puertas nuevamente.

Lo hemos visto suceder en Prescott. En Halloween tuvimos a unos cuatro dementes que se disfrazaron de demonios y fueron al centro comercial a matar de un susto a varios niños. No estábamos al tanto de lo sucedido hasta que nos contaron que una anciana casi se muere de un ataque cardíaco cuando se le acercaron para gruñirle y decirle que se iría al infierno. La policía me llamó por teléfono y tuve que advertirles a los "cómicos" que ya no saldrían más a la calle sin mi permiso. Estas son el tipo de cosas que los jóvenes pueden llegar a hacer, y creerán que habrán hecho un gran servicio al reino. Los comerciantes protestaron y llamaron a la policía, pero nosotros enseguida nos retiramos. Al cabo de aproximadamente un año nuestros hermanos pudieron regresar allí a repartir volantes sin problemas. Realmente no tiene sentido perder tiempo y dinero peleando, así que retírate, ponlo en oración y busca otro sitio para evangelizar.

Alabanza y Adoración

Me acuerdo en Australia cuando los hermanos de la congregación llegaban a tal punto que eran capaces de hasta romper las ventanas del edificio a la hora de alabar a Dios. Cada vez que algún conferencista venía de visita empezaban a chiflar, a zapatear, a recitar listados de canciones; saltaban, silbaban y abucheaban. En toda congregación habrá exhibicionistas que no pueden relacionarse ni hablar con nadie, pero en la alabanza disponen de una maravillosa plataforma donde pueden expresarse. Esta es la clase de personas que gritan o chiflan justo cuando se supone que debemos estar adorando a Dios. En Prescott había una mujer que solía venir a todos los avivamientos; era una gritona. No queremos ofender a nadie, y de hecho disfrutamos realmente la libertad de espíritu, pero esta mujer se extralimitaba con sus espeluznantes alaridos. Hasta que un buen día decidí ponerle punto final a la situación. Mandé a dos enormes ujieres a que se le sentaran a ambos lados y les pedí que cuando gritase le coloquen la mano en el hombro y le digan amablemente: "El pastor quiere que dejes de hacer eso. Si sigues, tendremos que sacarte." Por supuesto, ella gritó, pero luego de la advertencia ya no se le oyó más sonido alguno. Tal vez pienses que estaba experimentando una fuerte experiencia religiosa, pero en realidad no era más que la manifestación de su carne. Es la carne la que quiere llamar la atención sobre nosotros; cuando el centro de la adoración es Jesús. En Australia, con un sermón sobre la diferencia entre la adoración y la alabanza, resolví todo el problema. Dije que si deseabas darle las gracias a tu esposa por haberte preparado una deliciosa tarta de manzana, que te inclinases junto a ella y le rompieses el tímpano con un chiflido ensordecedor. Eso no habría tenido un muy buen resultado que digamos. ¿Por qué entonces venimos ante Dios para decirle cuánto Le amamos y adoramos, mientras lanzamos chiflidos? Bíblicamente podrás comprobar que semejante cosa no encaja. *Adoración* se deriva de un término que significa literalmente *digno de dar*. Es darle a Dios nuestra adoración y devoción por quien Él es. Un vocablo cercano a *alabanza* es *valoración* o mismo *apreciación*. Es una muestra de agradecimiento a Dios por lo que ha hecho, hace, y hará en el futuro. Alabar es literalmente vocalizar nuestra apreciación y agradecimiento por quien Dios es; Su Persona y Su Majestad como Rey de Reyes.

Hay cierto tipo de conductas extremas que son contraproducentes. Si ministras a un grupo de jóvenes, no tiene mayor importancia. Podrías hacer piruetas en el altar y les parecerá genial, pero cuando comienzas a ministrar a un mayor número de personas notarás cómo muchos se irritarán a causa de aquellos exhibicionistas. Si sólo ministras a los hippies, cuanto más bizarro seas más les gustará. Pero si deseas ministrar a toda clase de personas debes comprender que hay cosas que no siempre podrás hacer. No estoy hablando de transformar la iglesia en una morgue, sino de establecer cimientos bíblicos para la alabanza y que así se dispongan a la adoración. Tal vez haya gente de edad avanzada en tu congregación; si sufren de ataques de nervios, los chiflidos definitivamente los aniquilarán. Es como atravesarles los sesos con un cuchillo. Si los ves colocarse las manos en los oídos, no es que sean demonios que detestan la alabanza, es porque simplemente les están rompiendo el tímpano.

Dar el Ejemplo

Como pastor debes ver correctamente a tu congregación. Puedes verla como un campo de cosecha, o como una fuerza a la cual estás llamado a equipar y motivar. Si crees que los resultados se dan gracias a lo que logras cosechar de la concurrencia, te comportarás y predicarás de una manera que obstaculizará todo avivamiento. Si, en cambio, logras ver a la congregación como una fuerza a equipar y motivar para la salida al campo, verás transformada tu actitud hacia la gente. Necesitas alimentar al rebaño mucho más de lo que lo corriges. El típico pastor cree que su tarea consiste en enderezar a las personas, y entonces dirige toda su predicación en torno a ello. Esto aplica sobretodo a la doctrina. Puedes ir a cualquier congregación y asombrarte de lo que la gente realmente cree, pero lo importante es que son personas eficaces que sirven a Dios y son ganadoras de almas. Con el correr del tiempo muchos de ellos cambian su doctrina, pero no cambian porque tú los convences, cambian porque te aman y creen en ti. Si decides creer en ellos entonces ellos con el tiempo también creerán si los sirves. Jamás enderezarás a nadie ordenándole que tome asiento mientras le dices: "¡Estás equivocado!". La única manera en la que podrás cambiar sus creencias es ganándolos para ti; y una vez que creen en ti se mostrarán abiertos y comenzarán a creer en lo que tú crees. Cuando el típico pastor descubre que alguien proviene de un entorno Mormón o de los Testigos de Jehová, ya siente que debe montar su caballo blanco y salir a la carga en señal de batalla. Es el peor error que puedes cometer. Debes orar por esas personas en lugar de atacarlas. Me resulta sorprendente ver cómo las personas por las que me preocupo y oro, Dios me las acerca. Y entonces puedo tratar con ellas en función de las preguntas que tengan o mediante consejería. Esto abre una puerta por la cual puedo entrar con naturalidad y

93

tratar con su necesidad. Has oído que se dice: "La miel atrae más moscas que el vinagre." Necesitas comenzar a creer que con el tiempo y la oración, Dios cambiará a las personas mientras que tu sabiduría no podrá hacerlo. Tal vez pienses que eres muy hábil, pero tengo una noticia para ti: ¡solo Dios puede cambiar a las personas!

Pablo escribe: *"Hijitos míos, por quienes vuelvo a sufrir dolores de parto, hasta que Cristo sea formado en vosotros* (Gálatas 4:19 RV60)." ¿A qué se refiere? Ellos se habían descarriado. Pablo está orando y confiando en que Dios establecerá nuevamente en ellos la postura y el punto de referencia espiritual correcto. Tú también necesitas aprender a hacerlo.

Necesitas aprender a guiar más y manejar menos. Se guía con el ejemplo; exhortándolos a conectarse y participar junto a ti. No empezarán a orar solo porque hayas predicado un estupendo sermón y hayas exclamado a dos voces: "¡Deben comenzar a orar, demonios!" Quizá asientan con la cabeza y digan: *Amen*, pero no lo harán. Harán lo que te vean hacer; el fuerte de las personas no es obedecer órdenes. Odiamos recibir y obedecer órdenes y nos rebelamos contra ellas, pero somos grandes imitadores; la gente hace lo que ve hacer en otros alegremente. Ellos harán cualquier cosa que tú les pidas si les das el ejemplo. Si quieres que sean estudiosos de la Palabra, predica la palabra de Dios.

Recibimos la visita de un hombre que venía de otro compañerismo y comentaba que jamás había visto un grupo de hombres que predicara la palabra de Dios como lo hacen los hombres de nuestro compañerismo. Esto es porque ese es el ejemplo que han visto; ahora sus discípulos los imitan y tenemos un compañerismo entero de hombres que al oírlos predicar, oirás la palabra de Dios. Las personas harán lo que te vean hacer. Si quieres que sean liberales, asegúrate de tener algo para dar al momento de la ofrenda. Cuando se dan las promesas de fe para evangelismo mundial, deposita tú también tu promesa. Guíalos. Ellos verán que no solamente hablas del dar, sino que además lo haces. Algo que yo siempre trato de hacer, ya sea predicando un avivamiento o en casa, es tener algo en el bolsillo para dar.

Cuida la Actitud

Todos luchamos a veces con nuestra actitud. Venimos el miércoles en la noche y la gripe dejó en cama a la mitad de la congregación; o quizá es la temporada de caza o las vacaciones. Sea el motivo que fuere, los santos no están allí y justo habías preparado un fabuloso sermón, y ahora te enfureces debido a la baja asistencia. Entonces te incorporas y comienzas a arengar a los presentes por los *colgados* que no vinieron. Debes ser sabio; jamás los habían siquiera extrañado hasta que los mencionaste. Ahora que lo hiciste, se preguntan qué ocurre y por qué la gente no viene a la iglesia. Debes entender la naturaleza humana, si sólo viene la mitad de la congregación, debes decir: "¡Gloria a Dios!¡Son un grupo sensacional! ¿No es extraordinario lo que Dios está haciendo? ¡Nos encanta tenerlos con nosotros!" Si apuntas al problema, no sólo te frustras; ellos comenzarán a afligirse y cuestionarse si la iglesia es una iglesia dividida o algo por el estilo. Y así habrás arruinado el servicio. Si en cambio sólo te enfocases en ministrar lo que Dios te dio y en tener un gran servicio, al volver los viajeros les dirán: "¡Te perdiste un sermón maravilloso!" Y entonces no se atreverán a alejarse. Lograrás tu objetivo no cuando arengues a los que están allí por los que no vinieron, sino cuando bendigas a los que vinieron. Así animarán a los demás a no perderse el próximo servicio del miércoles en la noche (o el servicio que fuere) porque allí es donde está la acción.

La Distribución de los Asientos

He visto un extraño fenómeno; la gente tiende a separarse cuando hay demasiadas butacas. Esto afecta enormemente todo el espíritu del servicio. En la iglesia de Prescott nos vimos en la necesidad real de colocar más asientos debido a las conferencias. La mayoría de las iglesias tienen butacas movibles, pero cuando hay bancos no puedes quitarlos ni inhabilitarlos. Con lo cual me preocupaba que quedasen tantos asientos libres en el caso de una baja concurrencia. Así que empecé a apagar las luces de los costados para que todos se sienten más juntos en el centro. Esto revolucionó el servicio de la alabanza y afectó la capacidad de retención de las personas.

He leído acerca de un experimento que se hizo sobre la comunicación; confirmó lo que yo ya había descubierto por accidente. En dicho experimento había cuatro escenarios distintos: un edificio amplio con personas esparcidas por todo el lugar; un grupo forzado a sentarse en un espacio pequeño; una reunión hogareña donde la gente podía diseminarse por toda la casa; y otro en donde había gente sentada muy cerca unos de otros, amontonados, algunos incluso en las faldas de otros. El mismo orador expuso el mismo mensaje polémico a todos los grupos y luego les dieron una encuesta para averiguar el índice de convicción. Para su asombro, cuando estuvieron obligados a permanecer juntos, de cierta forma se motivaron a conviccionarse mutuamente. El índice de convicción más alto se dio cuando estaban todos metidos en la casa. Y llegaron a la conclusión de que cuando la gente se desparrama, se convierten en espectadores pasivos en lugar de participar y prestar la debida atención. Cuando se juntan, algo en la naturaleza humana y la dinámica de grupos hace que se conviccionen más fácilmente e influyan entre sí.

Quizá seas demasiado espiritual para esto, pero para el resto de nosotros, quita las butacas de más en tu iglesia. Debes aprender a tratar la naturaleza humana tal como es. Usa sólo las butacas que sean estrictamente necesarias, o incluso diez menos. Apila ordenadamente al fondo las que sobren; así a medida que la congregación vaya llegando tendrán que sentarse más juntos. Si llegan nuevas visitas los ujieres pueden preparar otras butacas. Quedarás fascinado al ver lo que sucede en las personas cuando ven a los ujieres colocar más butacas, es como un avivamiento. Quizá no haya ninguna de más, pero parecerá lo contrario. La persona que se entusiasma con lo que sucede tiene un impacto mucho mayor que la que no. Cuando las personas permanecen juntas todo lo relacionado con el servicio, incluso el llamado al altar, estará radicalmente influenciado por la dinámica de grupos.

Peculiaridades del Púlpito

De vez en cuando me topo con ciertos pastores cuyo ego depende del grado de respuesta de la multitud. Hacen una declaración tal como: "¡Jesús es Rey! ¿Amén?" Y como sólo tres o cuatro responden sin mucho entusiasmo, insisten alzando la voz: "¡¿He dicho amén?!" Puede que la gente se acostumbre a contestar, pero no lo valorarán. No hay cosa peor que alguien queriendo intimidar a la congregación desde el púlpito. Si hay algo que no soporto es ir a un servicio y ver a un líder de alabanza que pareciera estar conduciendo algún programa de niños mientras canta esas rondas infantiles como si estuvieran jugando al corro. Podrán arengarme todo lo que quieran pero no voy a cantar esas estúpidas canciones, digas lo que digas. Si quieres hombres, entonces entona coros de hombres.

Los pastores jóvenes tienen un problema en esta área. Ellos pretenden que la gente responda. Podrán insistir hasta que al final, tipo robots, acabarán repitiéndolo todo como loros; pero los de mentalidad madura y con iniciativa propia no lo tolerarán. Si continúas presionando e intimidando a las personas, buscarán otro sitio para ir a la iglesia; así se frustrará tu objetivo. Me tocó predicar en ciertos lugares donde te hacen creer que eres el predicador más grande que jamás haya existido. Puedo estar diciendo cosas que para mí son normales, pero la multitud estallará en aplausos. En otros sitios el grado de respuesta es diferente. Me acuerdo de un predicador que contó un chiste en Australia y la congregación entera se quedó mirándolo; eso lo paralizó. No supo cómo controlar a un público que no manejaba los mismos patrones de respuesta a los que él estaba acostumbrado. Es muy lindo cuando las personas responden, pero si vas a medir el éxito según la respuesta de la gente, estarás destinado al fracaso. Debes medir tu éxito por lo que Dios está haciendo. He predicado en sitios donde el sermón hizo que participaran con entusiasmo; pero luego prediqué el mismo sermón en otros lugares en los que hubo un silencio absoluto. He aprendido a no juzgar según la respuesta del público. A veces la respuesta más maravillosa que recibes en un llamado al altar (lo más importante del servicio) es con un sermón que creías que sería un fracaso total.

Pastores que Toman Iglesias

Cuando tomas una iglesia, el mayor recurso o ventaja con que cuentas es el pastor anterior. Allí aún hay muchos que lo amaban, por más que el tipo fuese un sinvergüenza. Debes reconocer sus méritos. Cuando se te acercan para decirte: "La verdad es que nos encantaba esto y aquello", debes aceptarlo y decir: "Sí, ha hecho un gran trabajo, y continuaremos trabajando en esa misma línea." Algunos pastores se piensan que han llegado para borrar el nombre y la memoria del pastor anterior, y que deben cambiar todo lo que aquél ha comenzado. Con ese sutil sabotaje transmitirás el mensaje de que el anterior pastor no era tan listo como creían. Lo que estás haciendo es arruinar tu propia credibilidad. La gente sigue allí porque lo amaban. Él comenzó la iglesia, y tu responsabilidad es no decir nada en contra suya ni permitir que nadie lo haga.

Cuando tomas una iglesia, pronto se te acercan aquellos que dicen: "Hermano, estamos tan contentos de tenerte aquí; las cosas venían muy complicadas con el pastor anterior." Y comenzarán a llenarte la cabeza de estupideces. Debes comprender que en toda iglesia habrá algún grupo de disidentes que te clavará una daga en la espalda el día de mañana. Si hablan mal del pastor anterior, también hablarán mal de ti. Sería muy imprudente de tu parte pensar que ahora sí van a apreciar a un verdadero hombre de Dios. De hecho eres un insensato si piensas así. Los más fieles de la congregación son aquellos que no dicen absolutamente nada en contra del pastor anterior a pesar de que pudieren conocer sus defectos. En una congregación tenemos a un pastor que es realmente un bicho raro; sin embargo es un ganador de almas, y su gente lo ama. Hace toda clase de chistes populares. Lo he escuchado predicar en conferencias y la verdad me compadezco de él. Así y todo, su gente lo ama a pesar de sus problemas porque él los ama. La sabiduría está en desarrollar y profundizar lo que ha hecho el hombre que te ha precedido. El ego del típico pastor se ve tan amenazado que cree que la única manera de poder establecer su propio ministerio es destruyendo el del hombre anterior. A quien realmente está destruyendo es a sí mismo. De momento las personas no dirán nada, pero a la hora de la verdad se volverán contra ti porque has atacado a la persona que amaban y admiraban.

Tengo una regla que establecí hace años. Al momento de tomar una iglesia, no cambies nada durante un año. Puede que haya cosas que no te agraden, pero tú simplemente aprovecha los recursos del anterior pastor. No es una regla que jamás pueda romperse, pero es un principio general que puede ahorrarte muchos disgustos. Al cabo de un año, cuando ya te hayas ganado a la congregación, podrás hacer lo que desees. Hace poco tuve que lidiar con un asunto en el cual algunos hombres de cierta posición le eran leales al pastor previo. Al nuevo pastor de alguna manera le pareció que tenía que quitarlos a todos ellos y reemplazarlos por hombres que sean leales a él. El problema es que si haces eso te ganarás enemigos en dicha congregación, los cuales harán daño con el tiempo.

Eligiendo el Edificio
Por Greg Mitchell

Los edificios no son la clave del avivamiento, pero he visto muchos casos en los que un edificio puede hacer que las cosas sean más difíciles de lo que ya lo son. He aquí algunas pautas a la hora de elegir un edificio para las iglesias pioneras.

Donde no hay dirección sabia, caerá el pueblo; mas en la multitud de consejeros hay seguridad. Proverbios 11:14 RV60

La Ubicación
Primero examina las aguas antes de decidirte por un edificio. Esto es fundamental cuando se va a pionar a una gran ciudad. Los que habitan en una zona determinada quizá no estén dispuestos a trasladarse a otra cruzando la ciudad. Ya sea por la distancia o el peligro inherente en el área donde la iglesia se halla. Como eres nuevo en la ciudad, tal vez no conozcas bien la zona y no estés al tanto de los factores en juego. ¿Qué clases de personas viven en ese lugar (demografía: edad, raza, nivel de ingresos, tasa del crimen, etc.)?

Puedes examinar las aguas de una zona en particular a través de los evangelismos en un salón, parque, hotel o sitios similares. Mi recomendación es que lo hagas antes de comprometerte con el edificio en cuestión. Muchos se deciden muy rápidamente por arrendamientos sin hacer previamente las averiguaciones pertinentes al área de interés. Y luego es muy tarde cuando se dan cuenta que de haber conocido mejor la zona, habrían evitado instalarse allí.

Salvo que Dios te revele específicamente el sitio a elegir en una gran ciudad, debes buscar un edificio del cual puedas obtener una buena respuesta.

Visibilidad: Un aspecto fundamental, sobre todo en los comienzos de una iglesia pionera, es si la gente puede o no reconocer el edificio. ¿Se lo puede ubicar con facilidad? A medida que vas creciendo eso ya no es tan importante porque los más fieles llegarán desde cualquier parte y traerán a otras personas. Los estadounidenses son más bien cómodos: si orientarse y ubicar la iglesia es un problema es muy probable que no deseen ir.

De ser posible elige una calle o avenida principal donde el edificio pueda distinguirse con claridad. Coloca puntos de referencia o algún tipo de identificación en los volantes que ayude a reconocer tu iglesia: "A un paso del McDonalds", "Cerca de la librería" o "Frente al pool." Si eliges una suite en un edificio o un salón de un segundo o tercer piso será más difícil que la gente te encuentre.

No conviene que el edificio sea peligroso o tenebroso. ¿Tendrán las personas la sensación de que serán asaltadas o atacadas cada vez que deciden ir a tu iglesia? Es una buena pregunta que deberías hacerte. ¡Un consejo básico es ver cómo luce en la noche! Con frecuencia su aspecto es muy dispar respecto a la luz del día. Quizá te percatas de que no hay nada de tráfico o descubres que los indigentes se instalan a tus puertas de noche.

El edificio ¿se halla en una zona con alarmantes índices de delincuencia donde merodean pandillas, drogadictos y prostitutas que arreglan cuentas en el estacionamiento? En tal caso sólo ganarás a esa clientela. ¡Hay ciertas zonas donde ni los mismos criminales se atreven a ir!

Ciertas zonas presentan un factor de restricción. Hay zonas que están casi totalmente compuestas por un determinado grupo de personas en particular. Puede tratarse de una zona de escasos recursos económicos o de un grupo étnico específico. Si es así, típicamente la gente que no pertenece a dichos grupos no estará dispuesta a ir. Al establecerte en sitios con esas características estarás restringiendo el potencial de personas de distintas clases que estarían concurriendo.

He oído a ciertos pastores pioneros en apuros que hacen alarde al respecto. Para ellos es una cuestión de orgullo estar "en el peor de los barrios, el más grande y más peligroso de toda la ciudad." ¡Pero no logran poner a más de dos personas juntas...por eso la gente no viene!

Paul Stephens dijo sabiamente: "¡Demasiado tiempo en un sitio malo es el final de la actividad pionera!" Lo sabe por experiencia propia.

Históricamente, nuestras iglesias en los Estados Unidos se hallan entre la clase media y la media-baja. El manual imaginario recomienda elegir un sitio que se ubique en los límites de las zonas a alcanzar. En otras palabras, establécete en un área de clase media a clase media-baja; extiéndete hasta el barrio étnico o el de escasos recursos económicos pero no te establezcas cien por ciento en ellos. Es parte de la naturaleza humana que la gente con frecuencia esté dispuesta a ascender y no descender. Esto significa que a menudo viajarán a un mejor barrio y no a uno peor. Quizá por cuestiones de seguridad o esnobismo; lo que fuere, es una realidad a tener en cuenta a la hora de pionar.

Estacionamiento: ¿Tiene estacionamiento? ¿Está bien iluminado? Los más exigentes por lo general se mostrarán reacios a estacionar a dos cuadras de distancia y caminar hasta el edificio arriesgando sus vidas o teniendo que enfrentar algún peligro. El estacionamiento sería para ellos una condición excluyente.

El Aspecto

Tamaño: Esa sensación de caverna vacía es el primer error que podemos cometer. Cuando la iglesia es nueva no tiene sentido tener un enorme edificio para tres o cuatro almas. Una buena idea es reducirlo subdividirlo de alguna forma. En el otro extremo tendríamos a la iglesia claustrofóbica. Cuando el edificio es como un gran armario, las personas sienten como si no tuviesen dónde guarecerse, quedan sofocadas y ansiosas.

Letreros: La esencia de todo letrero es su visibilidad. Esto implica el tamaño, la posición, el color y la luz. Debe estar iluminado en la noche. Tal vez suene obvio, ¡pero asegúrate de revisar y cambiar las lámparas! Durante años a nuestro escenario de conciertos en Prescott le solían decir el Subterráneo porque era difícil de hallar y de ver. ¡Algunas noches iba a las reuniones de oración previas al recital y descubría que las lámparas estaban quemadas o que ni siquiera habían encendido el letrero! ¡Adentro había gente orando para que llegasen nuevas visitas a un edificio del cual jamás se han percatado de su existencia!

No coloques un letrero hecho a manuscrito o estarcido a mano con tal de ahorrar unos dólares. El mensaje que estarías transmitiendo sería: "¡Somos una iglesia barata, pero puedes confiar y entregarnos tu vida!"

Estado: El edificio es a menudo la primera impresión que toda nueva visita tiene de tu iglesia. Me extraña ver cuántos hombres descuidan el mantenimiento básico de un lugar. ¡Seguramente no puedas darte el lujo de tener un palacio, pero al menos ten la dignidad de cuidarlo! No permitas que tu edificio se convierta en un abismo en decadencia lleno de cosas rotas, pintura descascarada y basura en el suelo (Proverbios 24:30-34).

Eso refleja una pobreza de espíritu que afectará negativamente el dar. La gente inconscientemente no confía en darle a una iglesia que no es capaz de gastar veinte dólares en un pequeño arreglo. ¡He ido a iglesias en cuyos baños no hay ni siquiera un soporte para el papel higiénico! Unas simples refecciones y un poco de pintura serán suficientes para ayudar a la gente a sentirse cómoda y segura en la iglesia. He visto varias veces cómo han aumentado las ofrendas gracias a la preocupación del pastor por el estado del edificio.

Techos: No elijas un edificio de ocho pies de altura porque será claustrofóbico y hará mucho calor con solo unas pocas personas. Por otra parte, los techos de veinte a treinta pies de altura también son contraproducentes para una nueva iglesia, pues el sonido se absorberá; la alabanza sonará como una carabina de aire comprimido en un furgón.

Baños: En lo posible, dispone el santuario de tal manera que los baños se ubiquen en el sector posterior del edificio. El hecho de que uno tenga que cruzarse el altar o pasar cerca del predicador para ir al baño constituye una distracción para cualquiera. Los ruidos propios del baño (¡de toda índole!) también distraen a la gente, sobretodo si se halla demasiado cerca de la congregación. ¡Si a la hora de ir al baño de tu iglesia las personas sienten que no tienen privacidad, puede que ya no regresen!

Sillas: No te intimides por el tamaño de tu iglesia. Los pastores pioneros a veces colocan ciento cincuenta sillas para llenar espacio y sólo tienen tres fieles. O bien dejan dos pies de espacio entre una y otra, hacen pasillos de cinco pies y el espacio del altar es de cuarenta pies.

La realidad científica de la dinámica de grupos confirma que las personas oyen, retienen información y responden mejor cuando están juntas. Las reuniones y los servicios se aprovechan mejor y generan mayor entusiasmo de esa forma. Por lo general es mejor poner menos sillas y tener que agregar más que tener demasiadas y no poder ocuparlas con la poca gente que viene.

Decoración: Los hombres no están tan pendientes de la decoración o de la manera en la que luce un recinto, con lo cual los pastores en general dejan que las mujeres se encarguen de todo el edificio. Eso está bien, pero debes tener un control para que no quede tan femenino. No por nada no verás cortinas estampadas y con flecos, pintura color rosa ni empapelados floreados en los hoteles que reciben a los viajantes de negocios. Las oficinas de negocios tienen una decoración de oficinas de negocios. Elige un estilo agradable pero neutro (unisex).

Negociando el Arrendamiento (Renta/Alquiler)

Arreglo directo: En general es mejor arreglar directamente con el dueño en lugar de contratar a un intermediario como ser una inmobiliaria o agente de rentas. Los agentes trabajan a comisión con lo cual siempre intentarán mantener un importe de renta alto. Además, como no pagan la hipoteca mensual, no están tan presionados como el dueño, que está más forzado a negociar con el cliente.

Plazo del contrato: En los albores de una iglesia pionera, cuanto más corto, mejor. A un año con una opción de extensión. Un contrato de arrendamiento te obliga legalmente a pagar incluso si la iglesia ha cerrado. ¡Eso significa que si firmas un contrato a cinco años y la iglesia cierra a los dos años, aún tendrás que pagar los próximos tres años!

Averigua los gastos ocultos. Generalmente un contrato cubre los trabajos de reparación, mantenimiento y seguridad del edificio, como además los aumentos de renta incorporados. Conozco una iglesia en la que el pastor firmó un contrato a doce años con gastos extras y aumentos incorporados. ¡Aquel pastor se fue, pero el edificio continuó siendo una atadura insoportable para dicha iglesia por años!

Busca un buen consejo: Detállale claramente a tu pastor por teléfono todos los pormenores y las condiciones. Toma fotografías y envíalas por correo electrónico. Busca a un experimentado pastor de nuestro compañerismo en la zona para que pueda ir a echarle un vistazo.

Donde no hay dirección sabia, caerá el pueblo; mas en la multitud de consejeros hay seguridad. Proverbios 11:14 RV60

Los Evangelismos
Por Greg Mitchell

Los evangelismos y el alcance de almas son el fundamento de una iglesia exitosa. Sin embargo, con los años he llegado a la conclusión de que evidentemente hay muchos hombres que no llegan a comprenderlo. Por lo tanto necesitamos comprender más a fondo el propósito de los evangelismos y algunos aspectos prácticos de un evangelismo exitoso.

Pero los que fueron esparcidos iban por todas partes anunciando el evangelio. Hechos 8:4 RV60

El Propósito de los Evangelismos

¡Esto es súper básico, pero primero necesitamos entender claramente que el propósito de todo evangelismo es crear una plataforma a través de la cual pueda presentarse el Evangelio a los pecadores para que puedan salvarse! Un evangelismo exitoso se compone de tres partes: **plataforma**...viene a ser el sitio o el evento; **presentación del Evangelio**...por medio del testimonio o la prédica con un llamado al altar; dando como resultado la tercera y última parte: **salvación.** Para que podamos comprender esto con claridad, lo dividiremos en dos clases principales de evangelismos:

Primero, tenemos el **evangelismo espontáneo o no publicitado.** ¡En todas partes hay personas a las que se les puede llevar el Evangelio! No siempre hace falta tener permiso, hacer publicidad o alquilar un hall. Hubo un famoso ladrón de bancos en la década del '30 llamado Willie Sutton; cuando le preguntaron por qué robaba bancos, Sutton sencillamente contestó: "Porque es allí donde está el dinero." ¡Si estás buscando un buen lugar para hacer un evangelismo, ve adonde están los pecadores!

Pregúntate entonces: "¿Dónde se reúne la gente?" Se reúnen en parques, playas, estacionamientos, esquinas, galerías al aire libre y en muchos otros lugares. Muchos pastores pioneros cometen el error de insistir una y otra vez con los eventos desde el edificio o el hall para atraer almas (con frecuencia sin éxito). ¡Y sin embargo, se cruzan a diario con multitudes de personas, lo cual representa una maravillosa oportunidad para presentarles el Evangelio mediante el testimonio o la prédica! Jesús utilizó un pozo, una barca, el patio de una casa, un sitio comercial y cualquier otro lugar donde pudiese haber gente. En el libro de Hechos utilizaron el área del templo donde había reuniones políticas, y otros sitios similares.

Otra pregunta sería: "¿Por dónde pasa la gente?" Tal vez no se hayan juntado aún, pero ese sitio tiene tráfico suficiente con posibilidad de detenerse o acercarse a un evento. Algunas opciones serían una calle, vereda, estación de tren o de ómnibus muy concurridas; una escuela a la salida de turno de los alumnos, un centro comercial, un recital o un evento deportivo. Hay muchas posibilidades, incluso en las comunidades más pequeñas. Necesitamos desarrollar lo que denomino *evangelismo visual*. Es la capacidad de ver un potencial para testificar, predicar en las calles o montar una pequeña pieza teatral. Es estar atento al entorno y siempre preparado para una oportunidad de evangelizar.

He aquí os digo: Alzad vuestros ojos y mirad los campos, porque ya están blancos para la siega. Juan 4:35 RV60

Segundo, tenemos el **evangelismo publicitado o preparado de antemano.** En esta clase de evangelismo no cuentas con una multitud; sino que ¡debes atraerla a tu lugar de encuentro! El evento puede consistir en cualquier cosa que despierte un interés en las personas y las traiga hasta tu establecimiento, hall o parque. Tal vez organizas algún recital, cortometraje, drama, avivamiento, testimonio, debate o evento infantil. Esta clase de evangelismo requiere más trabajo. Implica una planificación, una preparación y la difusión. La gente necesita enterarse del evento, poder ubicar el sitio y disponer de tiempo para poder asistir.

Aspectos Prácticos de un Evangelismo

Orar: Ora por dirección. Tal vez Dios te conceda una estrategia o un sitio que no habías considerado. Ora por ayuda, para que Dios acerque a las personas al evento y para que toque el corazón de las personas sinceras y predispuestas.

Entonces una mujer llamada Lidia, vendedora de púrpura, de la ciudad de Tiatira, que adoraba a Dios, estaba oyendo: y el Señor abrió el corazón de ella para que estuviese atenta a lo que Pablo decía. Hechos 16:14 RV60

Reflexionar: ¡Reflexiona sobre el evento! ¿Qué fue lo que mejor funcionó aquí la vez anterior? ¿Qué fue lo que más sirvió para otra clase de gente? ¿Qué es lo más conveniente en nuestra zona, cultura y comunidad? Por ejemplo, una banda de música country del oeste en una zona de heavy metal no sea probablemente la mejor opción. ¡Proyectar videos de evolución en una zona muy pobre o inculta no arrojará los resultados esperados!

Prepararse: Es necesario que planifiques los eventos con muchas semanas o meses de anticipación. Si deseas contar con el apoyo de los grupos de impacto, entiende que las iglesias misioneras no organizan las cosas una semana antes; ¡lo hacen con meses de anticipación! ¿Necesitas un permiso o autorización para el evento? Algunos salones, auditorios o edificios requieren una póliza de seguro de tu aseguradora o guardias de seguridad. ¿Cuentas con un grupo electrógeno de emergencia, baños y estacionamiento adecuados? Haz un listado de ser necesario. No hay nada más frustrante que tener que pedirle disculpas a una multitud porque algo salió mal ante la falta de planificación debida.

Recuerda, la gente tiene su vida y sus horarios. ¡No todos están dispuestos a cambiar de planes ESTA

NOCHE! Yo solía frustrarme cuando la gente decía: "Me hubiese encantado ir, pero ya tengo planes para esta noche." Tal vez con mayor anticipación vendrían. ¡Estás desmereciendo y menospreciando significativamente a los grupos de impacto si dejas que el evangelismo para el evento se haga el mismo día! Como pastor pionero cuando proyectaba videos por lo general ponía uno los viernes, sábados y domingos en la noche. Y entonces la gente decía cosas como: "Me encantaría ir, pero juego bolos los viernes, los domingos visitamos a la abuela, pero el sábado puede ser."

Ubicación: Buscas la probabilidad más alta de atraer el mayor número posible de personas. ¿Se distingue fácilmente? ¿Está sobre una avenida principal? ¿Es conocida la zona? ¿La gente del lugar conoce el edificio? Muchos hombres cometen el error de elegir el sitio más económico ("¡Me ahorré 50 dólares!"), pero están sacrificando la cantidad de visitas que podrían potencialmente tener. Probablemente sea mejor pagar un poquito más para estar en un lugar más visible y atraer más visitas. ¿Está en una zona peligrosa de la ciudad? Hay que tener en cuenta esto, sobretodo en las ciudades más grandes.

Difusión: ¡Nadie vendrá si nadie se entera! Nuestra tarea consiste en difundirlo a la mayor cantidad posible de personas. Si deseas tener éxito en el evento procura anunciarlo debidamente. He visto volantes manuscritos e improvisados que parece como si estuviesen impresos en papel higiénico; eran baratos y ese era el único mensaje que transmitían. Asegúrate de que en la invitación puedan leerse claramente las indicaciones. Incluye un mapa, pon direcciones o menciona un punto de referencia local ("Al lado del McDonald's"). Otros medios de promoción que podrías utilizar son periódicos, gacetillas, posters en las ventanas de los comercios, banners, radio, anuncios de servicio público o televisión. Si estás difundiendo una cruzada milagrosa, entiende que la imagen de un evangelista no es lo que acerca a los enfermos. Utiliza imágenes de milagros con leyendas al pie ("¡lesión de espalda sanada!"). O bien coloca nombres de enfermedades, lesiones o afecciones con los que los enfermos puedan identificarse. "¡Ey, yo sufro de eso! ¡Tal vez Dios pueda sanarme a mí también!"

Grupos de Impacto: Algunos hombres jamás piden ayuda. Unos de los recursos más valiosos con que cuenta un joven pastor son las otras iglesias del compañerismo de su zona. Trabajar con los grupos de impacto puede implicar una gran estrategia para el alcance de almas, sin mencionar la maravillosa bendición para los nuevos conversos en tu iglesia.

¡Una vez que contratas un grupo de impacto, procura mantenerte comunicado! Si necesitas cancelar avísales con tiempo. Suminístrales los datos específicos con respecto a dónde y cuándo quieres que se reúnan. También facilítales algunos números de teléfono en caso de haber algún problema, provéeles direcciones y mapas de las zonas que deseas que recorran puerta a puerta. Procura darles instrucciones claras respecto de lo que tienen que hacer en el día y el horario en el que deben encontrarse. Dales refrescos, si puedes, o al menos dales un tiempo de descanso. ¡Haz evangelizar al grupo en la zona cercana al evento, no a veinte millas! Debes tener la cantidad suficiente de volantes para el evento y preparar a los hermanos para que trabajen todo el día junto al grupo. Siempre es bueno organizar un evento esa misma noche, para que el grupo de impacto pueda ver el fruto de sus esfuerzos. Dile a los líderes de grupo cuántos se han salvado en el evangelismo durante el día y en el evento nocturno. Si eres un buen anfitrión seguramente querrán regresar y volver a trabajar para ti en un futuro.

Cuando se ignoran estos lineamientos básicos, muchos hombres llegan a conclusiones erróneas. Creen que las cruzadas, los recitales, las películas o los avivamientos no funcionan en su comunidad. Los oirás decir cosas tales como: "¡Esta es una ciudad muy complicada! ¡Aquí realmente hay grandes demonios!"

¡Quizá lo cierto es que no lo han planificado ni anunciado debidamente en el pasado! Lo peor que puedes hacer es bajar los brazos y dejar de evangelizar.

El Poder de los Evangelismos

¡Sin desmerecer la validez de la difusión, creemos que un evangelismo debe ser mucho más que repartir volantes o panfletos con una invitación a un evento! Jesús no invitaba gente a eventos y no usaba medios de difusión. Jesús confrontaba a las personas con el pecado y les infundía esperanza para cubrir sus necesidades. ¡Muchas veces caemos en la trampa de promocionar un simple evento en lugar de promocionar la salvación!

¡Históricamente las personas que más se han acercado y respondido a nuestros eventos son aquellas que ya han sido tocadas por el Evangelio! ¡Dios bendice y se mueve sobre la semilla que ha sido plantada, no sobre los papelitos que se han repartido! Tenemos la promesa de que la palabra de Dios impactará en aquel que la oiga.

Así será mi palabra que sale de mi boca; no volverá a mí vacía, sino que hará lo que yo quiero, y será prosperada en aquello para que la envié. Isaías 55:11 RV60

A menudo el motivo por el cual se pone tanto énfasis y presión en repartir los panfletos es la falta de planificación. No hubo una preparación con suficiente anticipación, grupos y evangelismo previos al día del evento. Si lo planificásemos mejor entonces el énfasis podría ponerse en los testimonios en vez de simplemente repartir los volantes. Si hacemos nuestra parte, Dios hará la suya.

Yo planté, Apolos regó, pero el crecimiento lo ha dado Dios. 1 Corintios 3:6 RV60

Ninguno puede venir a mí, si el Padre que me envió no le trajere... Juan 6:44 RV60

Porque todo aquel que invocare el nombre del Señor, será salvo. ¿Cómo, pues, invocarán a aquel en el cual no han creído?¿Y cómo creerán en aquel de quien no han oído?¿Y cómo oirán sin haber quién les predique?¿Y cómo predicarán si no fueren enviados?...Así que la fe es por el oír, y el oír, por la palabra de Dios. Romanos 10:13-15, 17 RV60

La Atmósfera Espiritual
Por Greg Mitchell

Un pastor me llamó por teléfono para pedirme un consejo acerca de una situación en su iglesia. Me contó que cada vez que ganaban un nuevo converso, a los dos días una de esas iglesias religiosas se lo arrebataba. No era siempre la misma iglesia, y sucedía de varias maneras. Su pregunta fue: "¿Puede que se trate de brujería?" Le contesté: "Desde luego, es muy probable, pero el problema real es - ¿cuál es la fuente de ello? ¿Qué lo origina?" Me dijo entonces que en su iglesia había una señora religiosa que había estado viniendo durante seis años, y siempre cuestionaba lo que hacíamos. Lo difamaba, contradecía sermones, se oponía abiertamente a la disciplina, y era como que cada vez que tomábamos impulso ella estallaba con alguna interrupción. Con lo cual le pregunté: "¿Cómo es que ella sigue allí luego de seis años?" Me dijo que a él le enseñaron a amar a todo aquel que entre por la puerta. Por tanto mi pregunta siguiente fue: "¿Hasta qué punto vas a amar al resto de las personas al tratar con ella?"

Es un tema delicado. Los pastores que se ven amenazados e inseguros hallarán justificación en ello para echar de la iglesia a cualquier persona normal. Sin embargo, me apena observar con los años a muchos pioneros tener que luchar innecesariamente porque no logran encontrar un equilibrio entre el amor y la realidad de proteger a la congregación.

En esta escritura, Jesús entra a un hogar donde una pequeña niña había muerto recientemente. Él quería hacer un milagro en esa familia y levantarla de entre los muertos. Pero antes de poder hacerlo, era necesario que algunas personas que allí se encontraban se retirasen para que pudiese haber una atmósfera espiritual correcta. Expulsó a estas personas e invitó a otras a que entrasen, y luego obró uno de los milagros más grandes del Nuevo Testamento.

Estaba hablando aún, cuando vino uno de casa del principal de la sinagoga a decirle: Tu hija ha muerto; no molestes más al Maestro. Oyéndolo Jesús, le respondió: No temas; cree solamente, y será salva. Entrando en la casa, no dejó entrar a nadie consigo, sino a Pedro, a Jacobo, a Juan, y al padre y a la madre de la niña. Y lloraban todos y hacían lamentación por ella. Pero Él dijo: No lloréis; no está muerta, sino que duerme. Y se burlaban de Él, sabiendo que estaba muerta. Mas Él, tomándola de la mano, clamó diciendo: Muchacha, levántate. Entonces su espíritu volvió, e inmediatamente se levantó; y Él mandó que se le diese de comer. Lucas 8:49-55 RV60

La Realidad de la Atmósfera

La atmósfera es una combinación de temperatura, humedad y otros elementos similares. La realidad de la vida es que la atmósfera determina la capacidad. Una semilla tiene el potencial para la vida. Ese es el milagro de la creación de Dios. Puedes tomar una semilla y plantarla, y si se dan las condiciones del suelo adecuadas y hay humedad entonces comienza a haber vida. Pero si los elementos no son los apropiados la semilla no germinará. Por ejemplo, no crecen bananas en Alaska; no hay nada de malo en la semilla de banana, sino que la atmósfera (o ambiente) no es la correcta. El sólo intentarlo causará frustración, y se llegará a la incorrecta conclusión de que las semillas son defectuosas. Esto es lo que les sucede a tantos pastores; llegan a la errónea conclusión de que la semilla no es buena. Argumentan: "Aquí no funciona. Tú me has enviado aquí. Tú me dijiste que funcionaría pero no funciona." El problema no es la semilla; la capacidad de desarrollo de la semilla está afectada por la atmósfera espiritual.

La eficacia de nuestras oraciones está determinada por la atmósfera espiritual. Daniel tuvo que orar durante veintiún días para recién recibir una respuesta. Un ángel se le acerca y le dice que su oración fue escuchada ni bien comenzó a orar, pero el príncipe de

Persia se le resistió y por eso se demoró la respuesta (Daniel 10:12-13) ¿Alguna vez te preguntas si Dios te oye? El problema no es que Dios no pueda oírte. A veces la atmósfera determina el funcionamiento o no de las oraciones.

Que la Palabra de Dios se cumpla y realice sus designios depende en gran medida de la atmósfera. La Biblia dice: *"Y no hizo allí muchos milagros, a causa de la incredulidad de ellos* (Mateo 13:58 RV60)."* ¿Había perdido la unción Jesús? No. La atmósfera era incorrecta.

La atmósfera se vincula mayormente a las personas. Hay mucha gente que está preocupada por los demonios opresores y la brujería en su zona. Vendrán a decirte cuán grandes son esos demonios en su ciudad. Tengo noticias para ti...son todos grandes. Muchos hablan de las prácticas de la nueva era en su zona; algunos están pendientes de los perversos satanistas. Llegué a oír a un hombre predicar: "La razón por la que sientes comezón alrededor del anillo matrimonial es que los satanistas están orando en contra de tu matrimonio." ¡De sólo escucharlo ya me hizo sentir el comezón!"

Jesús nos da una revelación. Dijo: *"Sólo quiero a Pedro, Jacobo y Juan aquí* (v.51)."* Está diciendo que estos hombres serán de ayuda a la atmósfera espiritual. Luego expulsó a aquellos que estaban llenos de incredulidad y que dañaban la atmósfera espiritual (v.54). En toda iglesia hay una mezcla de distintas clases de personas. Jesús dijo que era como una red barredera que recoge toda clase de peces, buenos y malos (Mateo 13:47-48). Jamás verás una iglesia tener cien por ciento de algo. Algunas personas son indiferentes, otras son reacias y otras desconfiadas. No son malas; sólo que aún no les cayó la ficha; aún no están allí. Los incrédulos pueden recibir fe y los reacios pueden cambiar de mentalidad. Muy frecuentemente cuando llega un nuevo pastor a una iglesia prorrumpirá a dos voces diciendo: "¡Manos a la obra! ¡A la carga!" Y comienza con todo, pero cuando se da vuelta ve que nadie lo sigue. No son malos; simplemente no se han entregado aún al ciento por ciento al nuevo pastor. Sírvelos, ámalos y dales algo de tiempo y entonces te seguirán.

Pero el texto dice: *"Y se burlaban de Él* (v.53 RV60)."* No cabe duda; no lo querían a Jesús allí. Tenemos que entender que habrá personas que se opondrán abiertamente a lo que tratamos de hacer. *"Y cuando le vieron, le rogaron que se fuera de sus contornos.* (Mateo 8:34 RV60)."*

La iglesia es un lugar viviente que posee una atmósfera espiritual. La atmósfera determina que una semilla crezca o no. He predicado en ciertos lugares donde la palabra produjo un impacto maravilloso; en otros lados el mismo mensaje fracasa debido a la resistencia y la incredulidad. En el texto, Jesús está a punto de hacer iglesia, quiere cumplir la voluntad de Dios. Donde ve muerte quiere traer vida, pero para llevarlo a cabo, primero debía hacer algunos cambios.

Contaminando la Atmósfera

Debes entender que no todos los que vienen a tu iglesia son buenos. ¡No todos los que vienen a tu iglesia deberían estar allí! (Aquí es donde se pone espeso). ¿No te ha parecido extraña la historia de Ananías y Safira luego de leerla (Hechos 5)? ¿Cómo anunciarías las cifras en el informe mensual? Siete salvos, cinco bautizados, y dos exterminados. ¿Hay alguien capaz de comprender esa historia en su totalidad? ¡Sé que aquí hay cuestiones de dinero, integridad y honestidad, pero la lección básica es que hay ciertas personas que Dios definitivamente no quiere en su iglesia! He aquí la evidencia: ciertas personas no llegan a la iglesia de parte de Dios; sino que son enviadas por el diablo para influenciar o cambiar la atmósfera para mal.

Los Dementes

Pablo estaba predicando en un sitio público cuando surge una mujer que los sigue mientras evangelizaban y dice: *"Estos hombres son siervos del Dios Altísimo* (Hechos 16:17 RV60)."* Había dicho las palabras

116

correctas, pero gritaba como una loca. Te podrás imaginar que los que oían el mensaje pensaban: "¿Si voy a tu iglesia voy a terminar como ella?" La estrategia del enemigo es tratar de que los dementes sean identificados con tu ministerio para poder desacreditarlo. Una vez fui a orar por un hombre que había pionado por primera vez en un pueblo sin grandes resultados. Creyó que de estar en una ciudad más grande podría funcionar mejor, pero acabó ocurriendo lo mismo. Por eso fui a predicar un avivamiento para él y ni bien entré se acercó a saludarme un hombre de ojos desorbitados que me dijo: "¡Bienvenido a la Casa del Alfarero!" Pensé que era un psicótico recién llegado, pero el pastor me informó que venía a todos los servicios. Una familia de muy buen aspecto vino al servicio aquella noche y el señor psicosis fue a sentárseles al lado, y luego les pidió un aventón hasta su casa. Me di cuenta que eso era lo que le estaba sucediendo a cada visita que llegaba. El pastor había estado quejándose de que no funcionaba donde sea que fuese, pero lo cierto fue que el señor psicosis estaba exterminando su iglesia. Lo peor de todo es que el pastor lo pasaba a buscar para ir a los servicios.

Los Religiosos

La base de una iglesia es muy importante porque determina lo que puedes edificar. Las personas que tienes al comienzo son muy importantes; por eso el diablo procura enviar mucha gente religiosa a una iglesia pionera. Estuve años misionando en Sudáfrica y fue el lugar más religioso que he visto en mi vida. Mientras estábamos en un primer avivamiento, ni bien comenzó la música, un tipo comenzó a saltar y a hacer un baile de helicóptero a lo largo de todo el pasillo hasta el altar y por toda la iglesia. No tenía ujieres en aquellos tiempos, así que cuando terminó el servicio lo llevé a un costado y le dije que no lo hiciera nunca más. Me dijo que lo movió el espíritu, por supuesto, pero le contesté que fue su carne y que no lo volviera a hacer. El diablo quería que las visitas crean que eso es lo que hacemos. Las personas lo verán y pensarán que eso es lo que les ocurrirá si vienen a la iglesia. Incluso había visitas que llegaban para las reuniones de oración, mujeres especialmente, que gritaban como si estuvieran teniendo una experiencia sexual. Inmediatamente les ordenaba que se callasen. El diablo quería contaminar la atmósfera con religión.

Los Inmorales

Necio es el pastor que se aferra a los inmorales por temor a perder números. La Biblia habla de una plaga que comenzó a estallar cuando el pueblo de Dios empezó a fornicar (Números 25). La lección es que la inmoralidad trae muerte. En algunos casos he visto el favor de Dios interrumpirse debido a la inmoralidad en la iglesia. Una vez solucionada, el favor de Dios continuó. Jamás levantarás discípulos en una atmósfera de inmoralidad. Eso aniquila la vida divina. Finees fue y traspasó con una lanza a los dos fornicarios que estaban en el acto, y la plaga cesó. Dios le prometió bendición a Finees y una descendencia perpetua en el sacerdocio (Números 25:11-13). El discipulado está ligado a la pureza.

Los Rebeldes

Hay al menos dos categorías diferentes de rebeldes. Por un lado están los que se enojan debido a la disciplina. Esto es un problema en las iglesias de mayor antigüedad a la hora de disciplinar a los hijos o nietos de los miembros más fieles de años. La gente no lo toma con agrado. Irán a la iglesia a "ladrarte" permanentemente porque les tocaste a su pequeño angelito. No es que están endemoniados hasta el tuétano, sólo están molestos, y hay esperanza en que Dios los pueda ayudar. Por otro lado están aquellos que quieren propagar falsas doctrinas o disensiones, lo cual no debes dejar que continúe.

Los muy Absorbentes

El diablo les envía a los pastores pioneros personas que les consumen demasiado tiempo y los tienen de aquí para allá. Ellos invierten toda su energía en personas improductivas. La esposa de un pastor estaba preocupada porque su marido estaba constantemente dándole consejería a una señora. Decía: "Cada vez que llegamos a la iglesia, si esta señora tiene una expresión extraña en su rostro él se le acerca inmediatamente para preguntarle qué le ocurre. Lo llama a mi marido para pedirle que le corte el césped o que la acerque a la tienda." Este pastor estaba siendo consumido por alguien a quien temía perder. Los pastores pueden quedar agotados de tanta consejería. ¡Debes entender que la tarea de un pastor es <u>facilitar</u> el cambio; no cambiar a las personas! Hay una diferencia. Muchos pastores cargan con un peso sobre sus espaldas que no les corresponde. La gente hará lo que mejor le venga en gana. Si le has dado consejería a alguien noventa y cinco veces y no ha cambiado, eso ya es un indicio. El intento número noventa y seis probablemente no funcionará.

Estuve con el pastor Mitchell al momento en que estaba dándole consejería a una persona cuando le dijo: "Bueno, ya no tengo más nada que decir; no has hecho lo que te vengo pidiendo cuarenta y nueve veces y ahora tampoco lo harás. No tiene sentido continuar porque tú no quieres cambiar." Puede sonar duro, y yo no me inclino por la dureza, pero no puedes permitir que todos tus esfuerzos sean consumidos por unos pocos de manera tal que no te quede un resto que darle a la mayoría. He aquí una sencilla pregunta: "Si sólo unos pocos pueden llegar a consumir mucho de tu tiempo, ¿cómo podrías hacer entonces para ministrar si tu iglesia fuese cinco veces más grande de lo que hoy es?"

El punto es qué es lo que producen estas distintas clases de personas y su efecto sobre la atmósfera espiritual.

El primer resultado es la aflicción y la opresión. Daniel habla de una estrategia del infierno en la que el diablo agobiará a los santos del Altísimo (Daniel 7:25). Un pastor me llamó para detallarme algunas situaciones; ni bien comencé a escucharlo me di cuenta de que este hombre estaba angustiado, y que tenía la sensación de que las circunstancias no iban a cambiar. Esto es mucho más que un mal día, por el que todos pasamos. El diablo puede utilizar a las personas como un conducto para traer desánimo y pesadumbre. Todo pastor es sabio para identificar quién es el que trae desánimo y pesadumbre, dado que experimentas una transferencia sobrenatural.

El segundo resultado es la resistencia sobrenatural. Cuando operan este tipo de personas o elementos en tu iglesia, a menudo verás una necesaria resistencia o ausencia de resultados en tus oraciones y labores. A veces notarás que la resistencia se manifiesta en un modo sobrenatural: "Cada vez que recibimos un converso, cada vez que recobramos impulso, algo malo sucede y acaba interrumpiendo y arruinándolo todo."

Quiero aclararte esto para que veas la consonancia de esta verdad: ¡No quiero que veas los problemas de cada persona como una amenaza que deba eliminarse, ni que pienses que el echar personas de la iglesia producirá en sí mismo un avivamiento!

Sanando la Atmósfera

Primero, Jesús obtuvo ayuda. Tomó a Pedro, Jacobo y Juan. Mi sugerencia es que hables con tu pastor antes de que se te ocurra echar a alguien o hacer algo de lo que vengo explicándote. Un sabio proverbio dice: "*Los pensamientos con el consejo se ordenan; y con dirección sabia se hace la guerra* (Proverbios 20:18)." Creo que muchos intentan deshacerse de personas que Dios quiere conservar y tratan de conservar personas de las que Dios intenta deshacerse. Cuando estaba pionando, solía venir una pareja religiosa que creía en cosas raras, así que hablé con mi pastor para que me aconsejara. Me preocupaba por los maravillosos nuevos conversos que tenía en la iglesia. Mi pastor me aconsejó que lleve al marido a un costado y le aclare que no creemos en esas cosas aquí. No tenía que creer igual que yo, pero le pedí expresamente que no divulgara esa doctrina a nadie. Luego continuaron viniendo por un tiempo, hasta que comenzó a contradecirme públicamente. Supuse que como venía ofrendando se sintió en su derecho de expresar su opinión. Volví a llamar a mi pastor y le comenté la situación; me dijo: "Ya es hora; tiene que irse." Le dije que podía hacerlo al servicio siguiente, pero mi pastor me pidió que no lo hiciera en público porque representaría un escenario improductivo que podría afectar negativamente a los nuevos conversos. Que, en cambio, vaya a buscarlo al trabajo; genial idea. Cuando salió del trabajo yo estaba allí esperándolo, y le dije: "Es evidente que vamos en direcciones opuestas, y como seguramente no quieras dañar a los nuevos conversos, debes buscar una nueva iglesia." No hemos vuelto a verlo, y no ha hecho ningún daño. Si hubiese tratado el asunto a mi manera, habría causado públicamente un daño colateral significativo e innecesario. Una parte de aquellos conversos están hoy en el ministerio porque decidí obtener ayuda.

Segundo, debes tratar con el problema. *"Jesús los expulsó a todos ellos* (v.54)." No puedes quedarte esperando al diablo. El tiempo en sí mismo no arregla las cosas, el tiempo puede ser tu enemigo, más que tu amigo. El terreno se endurece con el tiempo, no se ablanda. Las actitudes en la congregación con el tiempo terminan arraigándose y fijándose. Jesús tiene que tomar una decisión y Él está determinando la atmósfera. He aquí unos lineamientos prácticos:

No motives a personas que puedan ser conflictivas. Cuando pionaba había una incontable cantidad de personas que venían y me decían que estaban buscando una iglesia que los ayudara a explotar al máximo sus dones (consejo, consejo). Están acostumbrados a que el mundo religioso les ofrezca un ministerio. Yo sólo les sonreía y decía: "Qué lindo." Sabía que causarían problemas, con lo cual, ¿para qué los querría en mi iglesia? En algunos casos en los que repentinamente la persona irradiaba un espíritu religioso, le decía que no creía que este fuese su lugar.

No permitas que los conflictivos sean el centro de atención. Había un pastor cuyo edificio se hallaba cinco pisos debajo de una clínica de salud mental. Uno de los bienintencionados miembros de la iglesia se paraba frente a la clínica para invitar a los pacientes luego de haber tomado sus medicinas. Te podrás imaginar la atmósfera dominante a la que se sumergían las visitas. Y para colmo, había un tipo enorme que se sentaba en primera fila para poner las canciones en el proyector mientras se le veía la raya del trasero; era desagradable. Cualquier persona que entraba se distraía cuanto menos. ¿Por qué permitir que este hombre sea el centro de atención?

A veces debes poner límites a las personas. Van a haber personas que quizá te puedan parecer impuras o peligrosas, pero no tienes evidencia de ello. Simplemente ponles ciertos límites para que no se propasen, y explícales que serán expulsados de la iglesia como consecuencia del desobedecimiento. Algo así como: "No quiero verte hablar con personas del sexo opuesto," o "No quiero que hables con los nuevos conversos." Recuerda que Salomón le impuso límites a Simei (1 Reyes 2:36-37).

Deberás juzgar a aquellos que necesitan ser juzgados. Debes hacerlo con cuidado, no empieces a echar gente solo porque no te caen bien. Me estoy refiriendo a faltas claras y concretas; de lo contrario, deberás manejarte con sabiduría. ¡Pero, vale la pena decirlo, esto es una responsabilidad <u>pastoral</u>! Si eres discípulo, no te corresponde hacer esto por tu pastor. En nuestro texto, fue Jesús quien lo realizó; no le pidió a Pedro que lo hiciera por él.

Finalmente, Jesús tomó autoridad. Esta es una de las cosas más poderosas que un pastor puede hacer. La autoridad es el derecho de utilizar el poder que se delega de lo alto. Jesús realizó acciones y pronunció palabras basadas en su autoridad. Le dijo a la niña: "*¡Muchacha, levántate* (v.54)!" Está diciendo: "¡Ya no será más de esta manera (muerte), sino de esta – habrá vida!" Nuestra tarea consiste en aplicar la norma de Dios y llevar Su poder a las situaciones humanas. *"Y yendo, predicad, diciendo: El reino de los cielos se ha acercado. Sanad enfermos, limpiad leprosos, resucitad muertos, echad fuera demonios...*(Mateo 10:7-10 RV60).*"*

Se trata de una postura o disposición espiritual que se implementa en su mayor parte a través de la oración. A veces voy a la iglesia a orar específicamente por personas, incluso imponiendo manos sobre sus sillas. Había algunas que me afligían, pero no tenía pruebas; he dejado que Dios lo expusiera sobrenaturalmente. Había ciertas personas que ya era evidente que no iban a continuar con nosotros, pero no quería causarle un daño a la iglesia. Al recurrir a la oración, Dios eliminó quirúrgicamente a algunos –sin demasiado ruido. Pero lo mejor de todo, hubo algunos que se han condenado en el espíritu, o se han engañado, pero no me parecía que fuesen malvados o que tuviesen que retirarse. Luego de haberle clamado a Dios por ellos, ví cómo muchos fueron tocados por Dios sobrenaturalmente y abiertos sus ojos para que pudiesen enderezarse y recuperarse.

¡Qué alegría debió haber sentido Jesús al ver a la muchacha levantarse de los muertos mientras era restaurada a sus padres! Pero recuerda, la historia comienza con Jesús lidiando con la atmósfera espiritual. Ese es el potencial y la responsabilidad que todo pastor tiene en su propia iglesia.

La Revelación

Por Greg Mitchell

Viniendo Jesús a la región de Cesarea de Filipo, preguntó a sus discípulos, diciendo: ¿Quién dicen los hombres que es el Hijo del Hombre? Ellos dijeron: Unos, Juan el Bautista; otros, Elías; y otros, Jeremías, o alguno de los profetas. Él les dijo: Y vosotros, ¿quién decís que soy yo? Respondiendo Simón Pedro, dijo: Tú eres el Cristo, el Hijo del Dios viviente. Entonces le respondió Jesús: Bienaventurado eres, Simón, hijo de Jonás, porque no te lo reveló carne ni sangre, sino mi Padre que está en los cielos. Y yo también te digo, que tú eres Pedro, y sobre esta roca edificaré mi iglesia; y las puertas del Hades no prevalecerán contra ella. Y a ti te daré las llaves del reino de los cielos; y todo lo que atares en la tierra será atado en los cielos; y todo lo que desatares en la tierra será desatado en los cielos. Mateo 16:13-19 RV60

Quizá recuerdes el derrumbe de un edificio de apartamentos en el año 2010 en Nueva Delhi, India, que mató a sesenta y seis personas e hirió a unas ciento treinta. Se llevó a cabo una investigación en la que se descubrió que el dueño había economizado gastos. Utilizó materiales de segunda, no cavó el pozo lo suficientemente profundo como para colocar los cimientos, y encima agregó un quinto piso cuando la construcción no estaba diseñada para soportarlo.

Cuando se construye una obra para Dios es vital tener los cimientos adecuados. Esto, si bien es válido para los pastores, lo es también para cualquiera que esté comprometido con los nuevos conversos de la manera en que fuere. Si ponemos cimientos inapropiados con materiales defectuosos no producirán fruto, ni durarán mucho tiempo, ni agradarán a Dios. Jesús nos está diciendo en este texto que la única base sólida posible es la revelación.

Los Cimientos

¿Cómo se construye una iglesia? ¿Cómo se hace para incorporar nuevas personas a la iglesia (y no simplemente visitas)? Cuando se trabaja con los conversos hay muchos métodos que se usan para tratar de encaminarlos y afianzarlos. Algunos piensan que la clave es la información. He visto como a muchos nuevos conversos los saturan de entrada con todo tipo de información desde Génesis hasta Apocalipsis antes de que siquiera puedan levantarse del altar tras recibir a Cristo. Les dicen todo lo que hay que hacer y lo que no, les cuentan todas las idas y vueltas, y quién es quién en la iglesia. Otros creen que lo mejor es presionarlos en forma y andar tras ellos una y otra vez para que cambien rápidamente. Son como los *Nazis Santos*. Si no has ido a la iglesia envían la Gestapo espiritual para ir a buscarte. Y si eso no funciona buscan hacerte sentir culpable y tratan de avergonzarte para que tomes las decisiones correctas. Tal vez estos métodos den algunos resultados provisorios, pero no formarán seguidores de Cristo de por vida.

Ha habido varios casos legales de enfermeras enjuiciadas por matar a quienes debían cuidar. Estas profesionales de la salud han sido apodadas *Las Enfermeras Fúnebres* o *Ángeles de la Muerte*. Se supone que deben sanar a los pacientes y en realidad terminan matándolos. He tenido gente así en la iglesia. Su historial es un tendal de cadáveres a sus espaldas como testamento de sus métodos de trabajo con las personas. Tú vas y les preguntas: "¿Qué es lo que estás haciendo que hace que cada nuevo converso a tu cargo reviente?" Es el problema de siempre: podemos lograr que la gente se salve pero no que se consoliden en la iglesia. Hay iglesias que vienen teniendo las mismas personas desde hace diez años. Otras no crecen en números porque, si bien reciben nuevas personas, terminan echando a las más viejas. Yo creo que Dios aposta ángeles frente a algunas iglesias, y cuando llegan personas de bien les dicen: "Aquí no. Te harán pedazos. Sigue más adelante."

Están protegiéndolas del abuso, de la ausencia de amor y la muerte espiritual.

Jesús nos revela en este texto el fundamento real de la salvación y la iglesia. En el v.17 utiliza el término *reveló*. El vocablo *revelación* significa destapar o descubrir, comprender, o captar la idea. Las personas que aún no son salvas están en la oscuridad, no ven, ni entienden. Si tratas de formar una iglesia a base de gente sin revelación, entonces siempre acabarás frustrándote. La salvación entera tiene que ver con la luz; Jesús es la luz (Juan 9:5). Cuando las personas reciben a Cristo, pueden ver, entender y entrar en sintonía. No puedes engañar a la gente con la salvación; no puedes hacer trucos impresionantes para lograr la salvación. La única forma en que alguien se salva y permanece salvo es cuando logra ver su pecado como Dios lo ve y cuando ve la obra de Dios en Jesucristo. Pedro dice: *"Tú eres el Cristo* (v.16)."* ¡Esto es revelación! Todo lo demás no producirá fruto ni durará mucho tiempo.

Si la revelación es la clave, entonces, ¿quién se encarga de suministrarla? Ese es el quid de la cuestión si deseas tener un corazón para trabajar con la gente. La revelación es un milagro que sólo Dios puede obrar. Jesús le dice a Pedro: *"no te lo reveló carne ni sangre* (v.17)."* Tú no puedes hostigar, presionar, culpar, informar ni hacer nada a nadie para forzar el milagro; El Padre que está en los cielos es el que da la revelación. ¡Tu trabajo no es cambiar a las personas! Hay pastores que se frustran y se dan la cabeza contra la pared porque tratan por todos los medios de hacer que la gente entre en sintonía. Yo he probado de todas las formas erróneas posibles para hacer que la gente sirva a Dios. Pensaba que quizá podría hacerles una llave de cabeza, torcerles el brazo tras la espalda o amenazarlos; pero nada de eso funciona. ¡La revelación es un milagro! La persona necesita percibirlo para poder cambiar. Si no lo perciben, no habrá nada que puedas hacer para que cambien.

Diferencias

Este texto nos muestra que existen diferencias en la revelación. Cuando tratas con las personas debes comprender que no todos somos iguales. No todos pueden entrar en sintonía al mismo tiempo, de la misma forma y al mismo nivel. En nuestro texto Jesús les hace la misma pregunta a los doce: *¿quién decís que soy yo* (v.15)?" Sólo uno de ellos responde correctamente. Los otros once todavía no captaron la idea y está bien; no vamos a echarlos fuera o perder la esperanza en ellos solo porque aún no lo capten. Todos operamos en distintos niveles y a distintas velocidades. Si no logras entender eso te frustrarás cuando tengas que trabajar con personas.

¿Jesús le habló de manera diferente a gente diferente? A los setenta no les habló de la misma manera que les hablaba a las multitudes. A ellos les contaba cosas que no compartía con las multitudes de personas que se juntaban. A los doce les dijo cosas que no les dijo a los setenta. A los tres discípulos les dijo cosas que no les dijo a los doce. ¿Por qué? Las personas son diferentes. Para tener éxito al trabajar con la gente hay que hacerlo en el nivel de su revelación. Necesitas tener espacio en tu corazón para permitir que las personas operen a su nivel. Algunas pueden captarla rápidamente y de una sola vez, pero con otras hay que ser más suaves y delicados.

Sino que fuimos tiernos entre vosotros, como la nodriza que cuida con ternura a sus propios hijos. Tan grande es nuestro afecto por vosotros, que hubiéramos querido entregaros no sólo el evangelio de Dios, sino también nuestras propias vidas; porque habéis llegado a sernos muy queridos. 1 Tesalonicenses 2:7-8 RV60

En la iglesia de Perth, Australia Occidental, hay una mujer llamada Carol que ya se ha convertido en una leyenda en las iglesias de la zona. El domingo en la mañana en que Carol vino y recibió a Cristo, la prédica había sido sobre el ayuno; eso ya de por sí es único. Al final del servicio el pastor animó a la congregación a un ayuno de tres días y Carol fielmente levantó la mano en señal de compromiso. Durante sus tres primeros días de salva ella ayunó y oró todos los días. El jueves, cuando el ayuno ya había finalizado, salió a evangelizar y a hablarle a la gente de Jesús. Al domingo siguiente, comenzó a diezmar. Carol es una leyenda porque aquello es extremadamente inusual. Desearía que todo converso pudiese captar la idea y entrar en sintonía tan rápidamente, pero si eso es lo que esperas te desilusionarás profundamente. Debes tener la capacidad de dejar que las personas operen en su nivel.

He hablado con hombres que se jactan de sus congregaciones diciendo que son la Delta Force o los boinas verdes consagrados a Jesús. Algunos creen que esa es la única manera en la que una iglesia debe funcionar. Muchos hombres se precian de tener un cien por ciento de asistencia en todas las reuniones de oración y evangelismos. Lo cual no me sorprende. ¿Por qué? No porque no quiera que oren ni vayan a los evangelismos, sino porque veo que los ministerios podrían crecer mucho más si tan solo les abriesen el corazón a las personas menos comprometidas o entregadas. Sé que a algunos les suena a herejía. Sé de hombres que se llenan la boca como si ostentasen una medalla de honor diciendo: "Somos una iglesia pequeña pero comprometida." Una vez un hombre me dijo: "Esta pareja con la que estamos trabajando realmente no está enfocada en servir a Dios; sólo porque recibirán la visita de su abuelita enferma que viene de Europa no vendrán a la iglesia esta noche; ¿puedes creerlo?"

Hay dos tipos de personas que son terribles con los nuevos conversos: Por un lado, los que entraron rápidamente en sintonía una vez conversos. Ellos esperan lo mismo de todos: "¿A qué te refieres con que estás luchando con el pecado? ¡Cuando yo me salvé lo dejé todo!" Por otro lado están los que se salvaron en una atmósfera de avivamiento total donde el porcentaje de crecimiento superó los límites. Así sucedió en la iglesia de Perth. El primer pastor fumaba, pero igualmente la iglesia se disparó en crecimiento (¡No es bueno que el pastor fume! No hagas de eso una doctrina del crecimiento. El punto es que hubo una gracia que hizo crecer a la iglesia a pesar de aquello). El problema es que los que fueron salvos en ese contexto luego se van a pionar a una ciudad y creen que pueden tratar a las personas como se les da la gana y aún así formar una iglesia.

No puedes empujar a las personas más allá del nivel de su revelación; esto implica tiempo. En nuestro texto, Jesús había estado tres años con los discípulos, pero recién a último momento decide hablarles sobre la cruz. Muchos obreros se frustran porque van mucho más allá de las personas a las que intentan ministrar; tratan de llevar a la persona a una instancia para la cual aún no está preparada. De hecho, si le impones demasiadas cosas tan rápidamente, terminarás destruyéndola.

Leí una historia sobre una mujer de cincuenta y cuatro años de Nueva Cork que fue arrestada por homicidio culposo porque le había suministrado a su hija una dosis adulta de un analgésico recetado que la mató. Si te duele la cabeza, el analgésico es bueno; pero no debes suministrarle una dosis adulta a un niño pues aún no está preparado para eso. No es culpa del paciente que tenga que morirse; más bien no está preparado para lo que le estás dando.

Cuando pionaba había un par de chicas que eran ciclistas que se habían salvado y estaban en llamas para Dios. Trajeron a sus maridos pero ellos no iban al mismo ritmo y necesitaron más tiempo para captar la idea. Venían a la iglesia pero avanzaban poco y con ciertas dificultades. Yo quería abrir la Biblia con estos hombres, desplegar la concordancia y hacerlos discípulos. Lo que ellos querían era jugar al tenis. Así que, jugué al tenis; ese era su nivel. Más tarde comenzaron a tomar decisiones sobre el alcohol, a conviccionarse, evangelizar y a dar. Pero eso llevó tiempo. Si los hubiese saturado la primera semana los habría destruido a ambos. Debes dejar margen para la progresión en la revelación.

Porque mandamiento tras mandamiento, mandato sobre mandato, renglón tras renglón, línea sobre línea, un poquito aquí, otro poquito allá. Isaías 28:10 RV60

Hay obreros que son impacientes y no quieren esperar. ¿A qué se debe el apuro? Sienten que Dios se demora mucho y por eso quieren ayudarlo; tal vez está en juego su ego. Estos haraganes lentos los hacen quedar mal. Queremos darle un informe positivo al pastor cuando nos pregunte: "¿Dónde está esa persona con la que estás trabajando?" Si estás pionando y tu pastor viene a predicar, no querrás andar dando explicaciones por los que faltaron o están en apuros. Por tal motivo recurres al método del machaque. Queremos que la gente progrese y se ponga en forma porque deseamos que nuestro pastor nos elogie. Nuestra motivación es el orgullo, y no el honrar a Jesús o cuidar a las personas.

Confianza

El sitio en el texto es Cesarea de Filipo. La ciudad está construida sobre una gran roca y las religiones falsas más grandes del momento tenían templos allí. Hay una fuente de agua natural en una gran caverna la cual los adoradores paganos creían que representaba las compuertas del infierno. Algunos de los rituales para tentar a los dioses a que suban del inframundo a través de esta compuerta, involucraban la prostitución y las relaciones sexuales con cabras. Jesús deliberadamente lleva a sus discípulos hasta este lugar de depravación humana. ¿Por qué? Es propio de la naturaleza humana creer que la gente jamás va a cambiar. Muchos hombres piensan que su ciudad es peor que las demás; "aquí hay más brujería por metro cuadrado que en cualquier parte de los E.E.U.U." Jesús trae a sus discípulos hasta la capital de la brujería, la idolatría y la perversión. No les pregunta: "¿Quién es esta gente?", sino más bien: "¿Quién soy Yo?" La cuestión no es cuán grandes son los demonios; los demonios son demonios. ¡La clave fundamental es quién es Jesús! Dios es más grande que la brujería, la perversión, la idolatría y cualquier falencia humana. Si vas a hacer una obra para Dios debes tener confianza en que Dios es poderoso.

Sólo Dios puede llegar hasta el corazón humano y cambiarlo. Teníamos a una pareja que vino a la iglesia por unas semanas y luego se perdieron. En los últimos años han regresado, vinieron un par de semanas y luego desaparecieron nuevamente. Hace muy poco la esposa vino y respondió al llamado al altar. Su marido estaba en un centro de rehabilitación de drogadictos, por eso ella fue sola durante varias semanas. Cuando él salió de aquel lugar vino y dijo: "Lo que sea que le hayan hecho a ella mientras yo estaba internado quiero que me lo hagan a mí también. Ella es otra persona ahora." Eso es revelación; ella la percibió y captó la idea porque el Padre se la reveló.

Si Dios es quien se encarga de dar la revelación, ¿cuál es nuestra responsabilidad? Primero, debemos luchar por la revelación. Eso lo lograremos con la oración (Efesios 1:17-18); esa es nuestra tarea. Segundo, debemos ser dignos de confianza con las personas que Dios nos acerca. No todos los conversos que llegan son buenos conversos, algunos te frustrarán eternamente. Dios quiere saber si puede confiarte los buenos a ti.

Poco tiempo después de que mi esposa y yo nos casamos establecimos un compromiso con la voluntad de Dios para nuestras vidas. Nos lanzamos con entusiasmo al ministerio de los seguimientos; nos esforzamos al máximo. Tuvimos a mentirosos (gente que daba un domicilio erróneo), inmorales, religiosos y gente que directamente no pertenecía a ninguna categoría. Fue frustrante. Entonces un día mi esposa oró junto a alguien en el altar y luego la llevamos a comer. Durante el almuerzo, nos preguntó: "¿Amigos, puedo ir a la iglesia esta noche también?" Casi me atraganto. Estábamos acostumbrados a la gente que no tenía ganas de venir. Aquella tarde nos preguntó: "¿Me permitirían acompañarlos al evangelismo?" Ella obtuvo revelación.

Dios nos había probado con los más pesados para ver si podía confiar en nosotros.

Su Señor le dijo: Bien, buen siervo y fiel; sobre poco has sido fiel, sobre mucho te pondré; entra en el gozo de tu Señor. Mateo 25:23 RV60

Había un camionero de larga distancia que se había salvado en Perth, Australia, en mil novecientos ochenta y cuatro. Vivía al otro lado del país en Melbourne; como habíamos plantado una pareja allí se afianzó en aquella congregación. Con el correr del tiempo tomé el pastorado de dicha iglesia. Él era genial, tenía una personalidad increíble y me encantaba compartir momentos con él. Sin embargo, era un perezoso y me frustraba porque me daba cuenta de cómo desaprovechaba su gran potencial. No podía hacerlo cambiar; lo único que podía hacer era amarlo, y trabajar con él a su nivel. Años más tarde me puse a hablar con su pastor y se me ocurrió preguntarle a quién iba a enviar en las próximas conferencias; me dijo que iban a enviar a este hombre y su esposa. Me quedé estupefacto. Este hombre había frustrado a todos sus pastores durante veinte años. ¿Qué ocurrió? Ni carne ni sangre se lo reveló; El Padre celestial lo transformó y ahora es misionero en La India. Hace poco fui a predicar para él y Dios lo está usando poderosamente. ¿Cuántos hombres así han sido echados fuera o se les ha perdido la confianza o se nos han ido de las manos sea por no haberles tenido la paciencia suficiente, por no haber confiado ni creído a Dios, o por no desprendernos de nuestro ego? Podrían haber sido grandes hombres algún día; el Padre podría haberles dado revelación. Jesús dijo: *"...edificaré Mi iglesia; y las puertas del Ades no prevalecerán contra ella. Y a ti te daré las llaves del reino de los cielos; y todo lo que atares en la tierra será atado en los cielos; y todo lo que desatares en la tierra será desatado en los cielos (v.18-19)."*

Conversación con los pastores Wayman y Greg Mitchell

¿Cómo comenzó la visión de plantar iglesias? ¿Tenían una visión al respecto antes de que sucediese o "se tropezaron con ella"?

W.Mitchell: Bueno, en realidad más que nada tuvo que ver con el transcurso de los acontecimientos, cuando Dios estaba tocando a estos jóvenes hippies que viajaban de una punta a la otra, desarraigados, rebeldes, consumiendo droga y viviendo en la inmoralidad. Yo vine aquí a Prescott y en el primer servicio de la iglesia éramos veintinueve personas, incluída mi familia de siete (11 de enero de 1970). Tuvimos un avivamiento con John Metzler y Dios tocó a una joven pareja que se afianzó en nuestra iglesia. Dios se movió en ellos y comenzaron a traer a algunos de sus amigos y fueron salvándose. Así que con eso empezó el avivamiento, pero yo no tenía visión alguna, nada relacionado a este gran plan. Era algo que Dios estaba haciendo en un momento determinado en que estos hippies fueron tocados por estar abiertos al Señor y por eso fue algo espontáneo. A medida que más gente se salvaba y que alcanzábamos más almas, tuvimos una carga por alcanzar gente más allá de las cuatro paredes y entonces fue algo que comenzó a crecer, no se trató de ninguna gran revelación mía.

¿En qué harían hincapié en un libro sobre la actividad pionera?

W.Mitchell: Bueno, lo principal es llevar el evangelio más allá de las cuatro paredes. Uno debe entender que la mentalidad del mundo cristiano es hacer que las personas vengan adonde tú estás y de esa forma poder influenciarlos. Pero lo fundamental para nosotros, que venimos haciéndolo desde los comienzos, es salir de las cuatro paredes hasta donde están los pecadores. La música era el gran escenario de ese entonces, y tuvimos varios músicos salvos que querían expresarse y entonces comenzamos a hacer evangelismos y recitales que lograron atraer a muchos pecadores. Por eso, fuera de las cuatro paredes es la esencia de la actividad pionera. Si un pastor pionero va a algún lugar determinado donde simplemente cuelga un cartel y espera que llegue la gente, fracasará. Tiene que buscar algún método para llevar y extender el evangelio: puerta a puerta, evangelismo en las calles, recitales, o lo que sea, debe ser fuera de las cuatro paredes.

En los comienzos ¿contaron con las mismas políticas de apoyo en práctica hoy día, o eso también fue algo que ha ido evolucionando con el tiempo?

W.Mitchell: Eso surgió a raíz de mi propia experiencia en la denominación. Ellos estaban enteramente dispuestos a que vayas al campo, pero si ibas, quedabas solo, a tu suerte. La política del apoyo no se practicaba, y punto. Así que era obvio que tenía que haber algún respaldo a aquellos que salían a hacer una obra para Dios. Es por eso que empezamos a enviar obreros y a apoyarlos.

G.Mitchell: El concepto del apoyo es un privilegio porque permite que alguien pueda cumplir su llamado. Hay muchachos que lo ven a los ojos de un empleado; se quejan de que no les pagamos lo suficiente. Debería despertarles gratitud hacia la iglesia madre y un sentido de la responsabilidad de tender hacia el crecimiento según el modelo establecido y no hacer lo que te parezca.

W.Mitchell: Es muy raro que alguien decida hacer una inversión así en cualquier otra iglesia.

¿Continúan aún brindando respaldo absoluto a los hombres que salen al campo?

W.Mitchell: Eso depende de la persona. Si es un pastor nuevo, lo sostenemos durante noventa días, y desde allí reevaluamos la situación. Si le va bien y tiene potencial con frecuencia continuamos prestándole apoyo. Pero si se trata de un obrero experimentado eso ya es otra historia. Por ejemplo, hace muy poco hemos pionado una ciudad junto a un hombre que regresó del Viejo Continente. Le dábamos respaldo absoluto y hoy día es un experto. Recientemente leí en su informe que ya tiene sesenta y pico de personas, con lo cual le retiramos el apoyo pues está teniendo un buen impacto, y eso le vale su autonomía; por eso, depende de la persona.

¿Qué se le dice a un joven que está a punto de fundar una iglesia? ¿Qué tipo de cosas se le recalcarían de entrada antes de ser enviado?

W.Mitchell: Históricamente hemos hecho hincapié en que deben comenzar a toda marcha y con el pie derecho. Deben buscar rápidamente un sitio donde puedan hacer algo: la sede de un club, un centro comunitario, un complejo de apartamentos, motel o salón de conferencias, porque el peligro está en distraerse y perder el impulso, vigor y entusiasmo del arranque...por eso, comienza a toda marcha. **Organiza estudios bíblicos en tu casa o apartamento, haz algo.Comienza ya mismo; haz algo ya mismo; no esperes seis meses hasta que aparezca el edificio ideal, ¿no es así?** ¡Absolutamente! No vayas a una ciudad para llamar a la semana siguiente y decir: "Vi un edificio que me parece que podría ser el indicado..." porque no sabes de dónde vendrá la gente. Muchos llegan y se apresuran a conseguir un edificio y luego cuando salen a evangelizar se dan cuenta que las personas llegan de distintos sitios, y entonces piensan en mudarse...pero ya han firmado un contrato de arrendamiento. ¡Exactamente!

¿Cuáles son algunos principios fundamentales que un pastor pionero debe establecer en los comienzos de su iglesia?

W.Mitchell: El problema es que padecen lo que yo llamo "prontitis". Quieren predicar sermones poderosos que escucharon en la iglesia madre. Mi consejo es que empiecen con sermones suaves. Antes que discípulos las personas primero necesitan ser cristianas así que no deben tratar de avasallar a la congregación. Lo principal es que se salven y sean llenos del Espíritu Santo; que los involucren en los evangelismos y el ministerio.

¿Cualquiera puede ir y fundar una iglesia?

W.Mitchell: Bueno, por supuesto que no. Tiene que haber una cierta preparación. Lo fundamental son las habilidades en el trato con las personas, por eso tenemos discipulados para ir ganando terreno en el campo de las relaciones humanas. Fundar una iglesia no es sino hacer que la gente te siga como tú sigues a Cristo. Pablo dijo: *"Sed imitadores de mí, así como yo de Cristo* (1 Corintios 11:1 RV60)."* Debes convencer a la gente de que sabes hacia dónde vas y que quieres ayudarlos.

¿Se puede hacer predicadores?

W.Mitchell: No se puede hacer predicadores pero pueden perfeccionarse ciertas habilidades naturales que un hombre posea en caso de ser llamado. El llamado es algo que viene de Dios y que nosotros reconocemos, reafirmamos y facilitamos, pero en lo referido a hacer predicadores, no tengo idea.

¿Cómo se identificaría el llamado?

W.Mitchell: Bueno, se puede reconocer la carga por las almas que la persona tiene, cómo se conduce, cómo se comporta, y su dedicación. De momento preguntan: "¿Me puedes decir si he sido llamado o no?" Eso no me atañe; debes hablar con Dios al respecto. Sin embargo, podemos reconocer algunas señales tales como la carga y responsabilidad por las almas, la dedicación, el estudio bíblico, la participación en el ministerio, en los evangelismos, el testificar, y demás...y la fructividad? También.

¿Parecen luchar la mayoría de los hombres con su llamado en algún momento?

W.Mitchell: Estoy seguro que sí, sé que a mí también me pasó. Algo ocurre...estás completamente seguro de que has sido llamado y entonces vienen tiempos de dudas y te cuestionas si realmente has sido llamado. **Y entonces comienzan a vacilar...¿y están los que dicen ser llamados y no lo son, y los que dicen no ser llamados que tú sabes que sí lo son...?** Un viejo adagio dice: "Qué ansioso es aquel a quien Dios jamás envió; qué lerdo y titubeante es Su instrumento elegido." Hace años hubo un tipo que me dijo: "Pastor, Dios me lo ha revelado, recibí esta revelación de Dios de que tú me pondrás como pastor en la iglesia de Tucson." El tipo ni siquiera estaba preparado para ser líder del estudio bíblico; era un delirante.

G.Mitchell: Esa es la hermosura del discipulado. Con el correr del tiempo se da un proceso de depuración. Los que dicen haber sido llamados pero no poseen las aptitudes requeridas se destapa con el tiempo. Si lo que calificase a la persona fuese solo una cuestión de asistencia a un determinado número de clases, podría ocultar su verdadero carácter. Pero a través de los principios básicos del proceso del discipulado, las habilidades interpersonales y el llamado quedan en evidencia. Básicamente, el llamado puede ser visto por otros. Comienza dentro de cada hombre, pero en algún momento se deja reconocer por otros. Nadie jamás debería experimentar una reacción de shock cuando se llama a alguien al ministerio (salvo los que tienen problemas con los celos).

W.Mitchell: *"Buscad, pues, hermanos, de entre vosotros a siete varones de buen testimonio* (Hechos 6:3 RV60)." Eso es el reconocimiento de grupo. **Sería lindo que todo eso fuese revelado en la iglesia madre, pues a veces se invierte mucho dinero en un hombre y con el tiempo se descubre que...**Por eso, tal como dijo Greg, el tiempo lo determina.

¿Hay algún misterio en el ministerio y la plantación de iglesias?

W.Mitchell: El misterio es por qué algunos tienen éxito y otros no. Hay otro misterio: envías a un hombre a un sitio en particular donde no logra nada o muy poquito, entonces cambia de ciudad y la hace explotar. Si

137

pudiésemos resolver ese misterio no haríamos más que cosechar éxito tras éxito.

G.Mitchell: Y viceversa: el que creías que era un ganador absoluto y no hace nada de nada.

W.Mitchell: Esta es la obra de Dios, en la que debes buscar al Señor y descubrir qué es lo que pide. La iglesia no es una empresa y eso es lo que nos fastidia…si fuese un programa de marketing podríamos organizar todo prolijamente, decir lo correcto, poner dinero aquí o allá y saber que será un éxito. Pero no es así. Muchas iglesias no son más que una mera empresa, una red social de hermandad de hombres o mujeres que naturalmente crean un grupo de personas pero en el plano sobrenatural no llegan a ningún lado. En el caso de una empresa rigen los principios del negocio, se organiza al personal y se fabrica el producto, el cual atraerá a algunas personas. Pero eso no es lo que hacemos. Nosotros tratamos de cambiar almas y salvarlas. Tenemos a un nuevo converso que acaba de salir de la prisión luego de siete años…que él sea atraído a la iglesia es un milagro; eso es sobrenatural. El mes pasado se bautizaron tres ex convictos recién salidos: el que había estado siete años, otro que estuvo dos años y medio, y otro que pasó quince años tras las rejas. Esta es la ciudad pueblerina de Prescott, Arizona; es Dios el que ha traído a esta gente. Aparentemente tenemos algo que los puede ayudar. El Señor se está moviendo; ese debe ser el factor que engloba todo. Dios tiene que hacer una obra; así es como llegamos hasta donde estamos: Dios estaba haciendo algo y nosotros simplemente nos metimos. Por ejemplo, el ministerio de las reuniones informales de los viernes y sábados por la noche (coffeehouse) es lo que Dios estaba haciendo. Yo no soy de la música, no soy capaz de reconocer siquiera una maceta en un jardín, pero algo en mí se conectó con estos jóvenes que los hizo acercarse, supieron que era un lugar que podría ayudarlos. ¿Por qué Prescott Arizona? Es todo un misterio; con una población en ese momento de apenas trece mil quinientas personas. No fui yo el que tuvo esta gran visión; era Dios el que venía haciendo algo a lo cual nos aferramos y adaptamos. Había ministerios "coffeehouse" por todo el mundo que han fracasado. Fui a Phoenix los primeros tiempos y la Iglesia Bautista de Paradise Valley se había aferrado a ellos. Había más o menos unas tres mil quinientas personas reunidas. Afuera de la iglesia había un montón de coches por todas partes, ya no quedaba lugar para estacionar. Pero no lo capitalizaron en la dirección correcta; entonces se irritaron y se fueron al microcentro de Phoenix, al viejo edificio de la Iglesia de Cristo, y hoy han desaparecido. Nuestro ministerio aún funciona y debe ser porque hemos podido afianzar a algunos de estos conversos mediante el discipulado y perpetuar el movimiento a través de la plantación de iglesias.

¿El discipulado y la plantación de iglesias es a lo que te refieres con el modelo establecido?
W.Mitchell: Sí, es un modelo con el que nos encontramos y no una visión; sólo queríamos alcanzar almas y comenzaron a salvarse. Primero empezamos a enviar bandas musicales (a las comunidades más próximas) como Eden y Living Waters para organizar recitales los sábados y mucha gente comenzó a salvarse. Intentamos enviarlos a las iglesias locales pero no daba fruto, y así fue como empezamos a plantar iglesias. Por eso, teníamos que plantar iglesias si queríamos retener a aquellos conversos. La primera nació en Wickenburg, Arizona, un pueblo de mil quinientas personas en verano y dos mil quinientas en invierno. Plantamos a un músico de rock en un pueblo de vaqueros y en siete meses logró autonomía haciéndose económicamente independiente. Y de ahí en más continuamos la obra. Lo principal fue que a partir del discipulado y la plantación de iglesias pudimos descubrir la dignidad de la iglesia local. La iglesia local cuenta con todos los ingredientes para evangelizar y alcanzar a las regiones del más allá. No es algo denominacional propio de la iglesia universal que cuenta con una oficina para el evangelismo nacional y

otra para la plantación de iglesias a las que envías dinero. La plantación de iglesias tiene que ser una función de la iglesia local por una serie de motivos que giran en torno a lo siguiente: la iglesia madre planta una nueva iglesia que es similar a ella y con la que la gente pueda identificarse. Eso da como resultado dos cosas: que se juntan aportes para enviar a la persona porque ya la conocen y por tener una identidad local. En una colecta nacional te dan diez dólares, pero si es una de las propias se ofrecen cientos de dólares. Se ora por la nueva persona y se le envía grupos de impacto para ayudarlo porque ya lo conocen. Lo otro es que dentro de la iglesia misma los demás son testigos de cómo es levantado su hermano, pudiendo decir: "Lo conozco muy bien y sé que si él puede tener éxito quizá yo también." Ya ves, hay muchos que no logran reconocer eso pero es una de las dinámicas que opera en nuestro compañerismo.

¿Es la actividad pionera algo decisivo para la iglesia y para la vida de la misma?

W.Mitchell: Absolutamente. ¿Todas las iglesias deben esforzarse por formar discípulos y plantar iglesias? Sí, ese debe ser su objetivo, plantar su primera iglesia. Estamos alcanzando al mundo, por eso es absolutamente esencial para la iglesia local, pero no sin antes poseer la capacidad para sostenerla. De lo contrario estará suprimiendo al obrero que es enviado: no tiene apoyo, no tiene ayuda, no tiene dinero para el edificio y al final dirá que no funciona. Sí funciona, pero debe hacerlo en el contexto de la realidad.

¿Cuál es la importancia de la actividad pionera para que la vida de nuestro compañerismo continúe luego de 40 años?

W.Mitchell: Es indiscutiblemente vital porque sin ella sucederían muchas cosas; lo más grave es que la iglesia se estancaría a nivel local porque no hay visión. La única visión que tendrían es renovar la alfombra o los equipos u organizar una actividad local. La plantación de iglesias proporciona un grado de entusiasmo tal que ninguna otra cosa puede ofrecer.

G.Mitchell: Además, sin la actividad pionera no hay visión a la que otros discípulos puedan encomendarse. Los discípulos ven a su propio hermano, su propio amigo que ha sido enviado, ven su transformación y eso es lo que causa un impacto. Los discípulos me comentan: "Pastor, fíjate ahora cómo trabaja con los discípulos y la manera en que predica, es maravilloso." Eso les infunde un deseo de querer seguir su ejemplo, que sería imposible sin el discipulado. Sin la actividad pionera no hay continuidad; no es un programa sino la visión perpetuada a través de la actividad pionera.

W.Mitchell: Es una dinámica espiritual propia de una obra, no es un catálogo. Anoche en un rally pionero el encargado de tomar las ofrendas solía ser un joven que frecuentaba con los años y hoy es pastor. Me pongo a escucharlo...y pensar que era un niño y ahora ha madurado e hizo una muy buena presentación para la ofrenda. Cualquiera pensaría que hace 20 años que es pastor y a eso se refiere Greg. Todo aquel que lo conoce puede apreciar la madurez en él y entusiasmarse con lo que Dios puede hacer en el transcurso del tiempo.

G.Mitchell: Eso jamás lo podrás ver en una denominación en la que simplemente se invierte en un programa. En nuestro caso los hombres tienen la oportunidad de ver en lo que se podrán transformar y aspiran a ello.

¿Debe un pastor luchar por mantener vivo ese espíritu en su iglesia?

W.Mitchell: El estancamiento se da cuando un pastor se queda cómodo: ahora ya tiene dinero en el banco y una congregación a la que predicarle; o quizá han tenido algunas malas experiencias como ser algún discípulo enviado al campo que haya despilfarrado los recursos de su iglesia. Y entonces dice: "Hmm, será mejor que desaceleremos la marcha y nos cuidemos más." Y comienzan a administrar lo que Dios puso en sus manos jugando a lo seguro sin arriesgar más nada. Y sabes, el plantar iglesias es un riesgo; el discipulado es un riesgo. Cuando lo dejas todo en las manos de un discípulo para concluir un evangelismo, por ejemplo, como lo hacemos nosotros en la plaza comercial, es un riesgo. Aquí está toda tu inversión, aquí está el potencial de crecimiento y se lo confías todo a un discípulo. Es un riesgo porque puede fracasar, y a veces sucede. Nunca he predicado en un evangelismo salvo el 4 de Julio, en el día de la celebración de la Independencia. Cuando hicimos el evangelismo, el discípulo encargado de hacer el llamado al altar...parecía ser un vendedor de coches usados: "Los cristianos también se divierten." ¡Casi lo mato! Quería llegar hasta el altar y estrangularlo. Había entre cincuenta y sesenta visitas allí. Con lo cual es un riesgo, por eso los pastores no siempre están dispuestos a invertir su tiempo, esfuerzo y dinero para luego ver un fracaso. Pero también está en juego el ego: con una mano en el hombro lo envías al campo y el tipo es un fiasco; que luego repercute en ti...por eso prefieren establecerse como administradores. El discipulado surge a partir de un sincero deseo de ayudar a otro a cumplir su destino. Si lo que te mueve es el ego entonces no podrás involucrarte en el discipulado. No dejarás que ningún discípulo tome el llamado al altar porque podrían arruinarlo todo y dejarte mal parado.

G.Mitchell: Todo se resume al trabajo duro a largo plazo. Es muy común que los hombres de nuestro compañerismo se entusiasmen con querer plantar su primera iglesia. Pero el problema está en el desarrollo, en lo que le sigue a ello. Tú estarás haciendo esto...nosotros estaremos haciendo esto hasta el fin de nuestros días y eso es lo principal. Es el trabajo duro del discipulado: formas un discípulo y por último resuelves algunas cuestiones para ponerlo a trabajar a tu manera, y luego lo envías al campo. Más tarde vuelves a repetir el proceso. El problema es que se vuelve agotador: todo el tema de los fracasos, las estafas o despilfarros, las decepciones, y el ego...todo eso junto y encima lo absurdo del trabajo duro. Muchos pastores prefieren abstenerse y evitar tan pesada carga.

W.Mitchell: Y es costoso, como dijo Pablo en Filipenses *"pues aún a Tesalónica me enviasteis una y otra vez para mis necesidades* (Filipenses 4:16 RV60)." Es la realidad del continuo apoyo.

G.Mitchell: Y por eso tienes que estar totalmente entregado a la visión; no como a un programa sino a una pasión. Si no tienes pasión no podrá continuarse en el largo plazo.

Usted ha utilizado a menudo un término que parece ser importante para nuestro compañerismo: "la iglesia primitiva," ¿cómo se relaciona con los objetivos de la iglesia pionera?

W.Mitchell: Nos referimos al concepto de una iglesia que adquiere autonomía, con capacidad de propagarse sin tener que andar tras ella manteniéndola a flote; se gobierna a sí misma en el sentido de que se rige bajo las mismas disciplinas y estándares en los que nuestro compañerismo cree. Nuestra meta principal ya desde el inicio en el extranjero es una iglesia primitiva, lo cual no significa que sea independiente, sino que repite las mismas cosas siguiendo el camino de la iglesia local: plantar iglesias, regirse bajo los mismos estándares, y propagarse o extenderse dentro de aquel país. Y eso ha sido un éxito en las demás naciones.

¿Se ve alterado el modelo ante la influencia de la cultura?

W.Mitchell: Obviamente, tiene un efecto. Es importante buscar la manera de encajar en la cultura local y adaptarse a ella, pero hay que cuidarse de no perder las bases pues se trata de un patrón bíblico. Sólo tratamos de poner en práctica el patrón bíblico. Hace años cuando vine a Prescott un evangelista me dio una palabra del libro de Isaías y me dijo que mi ministerio restauraría las bases y eso es lo que ha ocurrido. Lo que venimos haciendo no difiere en nada de lo que la Biblia enseña. En la iglesia del Nuevo Testamento esto es lo que hicieron: *"Y todos los días, en el templo y por las casas, no cesaban de enseñar y predicar a Jesucristo* (Hechos 5:42 RV60)."* Hace un par de días me preguntaron sobre la práctica del puerta a puerta…es sólo un método más allá de las cuatro paredes. ¿Es de un éxito absoluto? ¡No! Nada de lo que se hace es de un éxito absoluto. Es como evangelizar en las calles…¿obtienes como resultado de ello 40 nuevas incorporaciones a tu iglesia? ¡No! Pero es una dinámica espiritual que le da fuerza a tu congregación y establece un dominio espiritual en la ciudad. Lo que sea que extienda el evangelio más allá de las cuatro paredes: un evangelismo en un parque, un recital o lo que fuere, sólo sal más allá de las cuatro paredes…ese es el principio. Cuando se hace una cruzada, por ejemplo, yo no entro a ninguna iglesia a hacer ninguna cruzada porque allí no tienes las dinámicas y de hecho suelo preguntar dónde se hará antes de siquiera aceptar la invitación.

Usted ha visto a muchas iglesias comenzar. A modo de repaso, ¿Cuáles serían las tres cosas que causan más problemas a los hombres?

W.Mitchell: La primera es que tratan de desarrollarse y crecer con gente religiosa y como resultado de ello les asignan posiciones para las que aún no han sido salvos en su propia iglesia. La segunda es que se preocupan por formar discípulos antes de formar cristianos. Y la tercera sería el factor financiero: a veces no quieren predicar sobre el dinero y tener que asignar una responsabilidad a la congregación, dándose como resultado un desarrollo incorrecto.

G.Mitchell: Otro problema sería las habilidades en el trato con las personas. No las tienen. Hablamos del llamado y de los que salen, y si no les va bien concluyen que no han sido llamados. Obviamente eso es entre Dios y ellos pero yo creo que el verdadero problema muchas veces es que son llamados pero carecen por completo de las habilidades interpersonales; no poseen un buen manejo de lo social ni la flexibilidad para revertir eso.

144

Con lo cual se rehúsan a hacer lo que Dios les pide. Por eso la ausencia de dichas aptitudes constituye un grave problema.

W.Mitchell: No saben cómo ayudar a las personas en crisis. No todo aquel que te trae problemas tiene que morir. Es como el viejo dicho: "Los carniceros y los cirujanos cortan ambos, pero el resultado es muy diferente." Esto no es algo para ponerlo en un diagrama, pero cuando tratas con las personas debes ser lo suficientemente sensible para saber hasta dónde puedes llegar a la hora de la corrección, el arrepentimiento y la sanidad. Para muchos hombres es cuestión de: "Si no te gusta, fuera de aquí." Algunas veces eso puede ser necesario, pero esa no es la norma. Muchos justifican la pobre asistencia, apoyándola: "Amén, aquí sí hay cristianos de verdad." Debes tener la capacidad de hacer que la gente siga viniendo lo necesario para obtener apoyo en lugar de decir: "Fuera de aquí."

G.Mitchell: *Tesoro en vasos de barro* (2 Corintios 4:7)" significa que el evangelio no puede separarse del hombre. Esto alude al carácter, pero también a la personalidad. La habilidad de establecer conexiones con la gente es una de las cosas que se hallan en un pastor exitoso. Invariablemente, los que más luchan son los que no comprenden eso. Creen que todo depende de Dios, pero debes aprender a agradar a las personas y a caerles bien porque no entienden mucho de Jesús aún. Si viene un hombre recio, quebradizo u odioso no poseen la capacidad de hacerse agradables. ¿Por qué habría de volver a su iglesia si este tipo me hace sentir incómodo? En Rusia prediqué un sermón sobre las habilidades interpersonales que causó un impacto emocional en ellos dado que venían teniendo mucho éxito con la rehabilitación de las drogas. El problema es que en esos centros de rehabilitación les controlan la vida totalmente. Si no oras, si no lees tu Biblia, si no vienes a la iglesia y sales a evangelizar te terminaremos echando. Así que, si bien eso es práctico en un centro de rehabilitación, el problema está cuando estos conversos llegan a la iglesia y quieren que todos sean como ellos y al final acaban echando a la gente.

¿Cuáles son las otras cualidades humanas de los que tienen éxito? ¿Hay otros rasgos del carácter o cosas que hagan que logre identificarlos?

W.Mitchell: Ellos se aplican a la Biblia. No tendrás éxito solo por estar de pie dando alguna clase de discurso académico o charla. El Espíritu Santo sólo confirmará la palabra de Dios, no tu chiste o ilustración. Por eso deben conocer la Palabra y cultivarla permitiendo el crecimiento porque tu deber principal es alimentar a las personas con algo que les cause una sanidad espiritual. Esa es la responsabilidad del hombre; tú no puedes hacerlo por él. Ellos deberán tener una dimensión espiritual y eso se gana a fuerza de oración y dedicación personal. Una persona que no se conecta con el Espíritu Santo en la oración posiblemente no posea una dimensión espiritual que pueda causar un efecto sobrenatural en la gente. Aquí entran en juego las habilidades interpersonales en el trato con los demás porque se trata de una dimensión espiritual en tu vida que te permite medir a las personas en función de lo que puedes o no hacer con ellas. Es como la danza, se necesita un ritmo y una orquesta con una dimensión espiritual en la que a veces puedes decirles ciertas cosas a las personas que en otros momentos no es posible. Tiene que darse en el momento justo y eso solo viene sobrenaturalmente de la mano del Espíritu Santo. No la podrás tener si simplemente estás llenando un espacio en la oficina u ocupando una posición. Por lo tanto, es vital entregarse a la voluntad de Dios. A veces se le ofrece una oportunidad a alguien que la rechaza porque: "Hace mucho calor allí, no puedo ir a una zona desértica." Esta es la misma persona que jamás ha tenido éxito a pesar de haber estado en varios sitios diferentes. Se trata de la voluntad. A menudo puntualizamos lo siguiente: treinta años atrás le decías a un hombre: "Escucha, quiero hablarte acerca de una oportunidad..." Y él contestaba: "¡Sí, acepto!" ¡Ni siquiera te dio tiempo a que le digas dónde es! Pero hoy día quieren saber: "¿Hay algún programa médico allí?" Hace un tiempo atrás un hombre al que le habíamos ofrecido una iglesia dijo: "Ahora no puedo porque el Estado me está proporcionando los frenillos de ortodoncia para los dientes de mi hijo y si me mudo los perderemos." Los hombres de hoy día vienen con todos estos pequeños requerimientos. Por eso, es la voluntad la que necesita entregarse a Dios. Con frecuencia eso sale a la luz cuando el liderazgo te ofrece una oportunidad. No se publica en una pantalla enorme que dice: "Esta es la voluntad de Dios." Es fundamental rendirse a la voluntad de Dios y confiar en el liderazgo al evaluar una oportunidad para uno. Una de las cosas, que cualquiera que me conoce te puede decir, es que yo no obligo a la gente a ir a ningún lado. Yo ofrezco una oportunidad y me pueden decir: "No me parece lo mejor" o: "Sí, lo haré." Lo tomo como una ayuda que Dios me da para que la persona no pierda la oportunidad de entregarse a la voluntad de Dios.

¿Qué ocurriría si se forzara a alguien a establecerse en un lugar?

W.Mitchell: Si no tienen éxito te echarían la culpa: "Me arruinaste la vida, me obligaste a hacer esto." Hubo algunos que me dijeron: "No tengo éxito, mi matrimonio ha fracasado porque no me dejaste venir sin antes casarme y entonces me casé con esta chica que no terminó siendo la indicada." O: "La gente de aquí no responde al evangelio y me has hecho venir aquí y por eso fracasé. No es la ciudad correcta."

¿Cómo supiste que fuiste llamado a venir a Prescott?

W.Mitchell: En realidad no lo supe. Este es mi lugar de origen así que en algún momento quería regresar. Era una iglesia con buen éxito: tenía alrededor de ciento cincuenta personas y hubo un cambio de pastorado pero en aquel momento no me lo ofrecieron. No fue sino hasta que cayó en un fracaso moral total (cuando el pastor y su hijo se escaparon con unas mujeres de la iglesia), en que me llamaron para ofrecérmelo. Mi primer respuesta fue: "¡Ah, ahora quieren que yo me haga cargo!" Pero lo cierto es que estaba desilusionado con el manejo y la organización porque veía las políticas. Debes entender que en el ámbito denominacional uno está esperando ser promovido a una iglesia mejor así que esa es la mentalidad. Había tomado una iglesia y la había dividido. Tuve servicios de avivamiento con Johnny Metzler y los más fieles se sublevaron y tres familias se fueron. Estuve en Carson, California, y fue toda una escena. Yo había tomado aquella iglesia y luego de apenas una semana vinieron siete mujeres a decirme que estaban autorizadas a predicar y se quedaron en todo momento esperando a que les conceda la oportunidad. Le dije a mi esposa: "Podemos fundar una iglesia aquí pero debo echar a esa gente." Y entonces en ese momento comprendí que ese era el origen de los problemas más allá de la iglesia que pudiere tomar. Si decidía instaurar las cosas en las que yo creía, tales como el predicar los estándares bíblicos, iba a terminar teniendo una iglesia dividida. Por eso me desilusioné en esa etapa de mi vida. Yo simplemente quería tener una iglesia donde pudiese tener un lugar para vivir, predicar, y criar a mi familia, y en ese instante me ofrecieron la iglesia de Prescott con todo el desastre que había adentro. Mi esposa estaba harta de tantas mudanzas y entonces dije: "Vamos a pasar a verla nada más." Había conseguido un poco de información sobre la iglesia: prácticamente se habían ido todos, salvo dos familias sólidas: los Copeland's y los Allen's (que aún continúan). Le dije a mi mujer: "Si estas dos familias se quedan, me parece que deberíamos venir." Y ellos acordaron quedarse en caso de haber un buen pastor. Recuerdo cuando venía descendiendo por la loma en dirección a la ciudad como que sentí que esto era lo que teníamos que hacer. Y ese es el llamado de Dios, quien sabe…eran circunstancias extrañas. No es que tuve una oportunidad fantástica o una visita angélica, sino más bien me hallaba en un momento en el que me mostré lo suficientemente flexible para lo que Dios quería hacer.

Lo había reservado a Johnny Metzler para un avivamiento y le dije: "No sé dónde estaré pero quiero que nuestro encuentro quede bien agendado." Ni bien llegué aquí lo llamé. Los eventos estaban agendados para febrero y yo recién había llegado en enero. El avivamiento fue un éxito rotundo; por supuesto la iglesia sólo tenía asientos para setenta y dos personas. El primer evangelismo de recitales que hicimos fue allá en el club de los jóvenes que no eran más de doscientos, como mucho, pero eran adolescentes brutos, rebeldes y no salvos. Los únicos adolescentes que había visto alguna vez en mi vida eran niños religiosos que echaban a todo converso que llegaba o intentaba llegar. Se quedaban allí y se burlaban de ti; se sentaban en cualquier parte de la iglesia a hacer acotaciones. Cuando vi a estos niños fue como si estuviésemos alcanzando al mundo entero. Jamás había visto tanta cantidad de gente en el ámbito de una iglesia.

¿Y cuando usted le dice a un pastor pionero que no forme su iglesia con gente religiosa, lo dice por experiencia?

W.Mitchell: ¡Absolutamente! ¡Y por experiencia constante! Porque lo que los religiosos hacen cuando ven a una nueva iglesia comenzar es saber que necesitan gente. Por eso, vienen a buscar una expresión en la música o quizá son rebeldes que han causado problemas en otras iglesias y vienen a buscar un ministerio. Depositan dinero en la canasta para que el pastor crea que son geniales, pero tienen problemas. Lo que hacen es mantener relaciones con los nuevos conversos para luego empezar a cuestionar por qué no se permiten predicadoras mujeres, por qué se aplica un estándar determinado, o lo que fuere. Se enojan con uno y se van, ejerciendo su influencia en los buenos, llevándoselos con ellos. Por eso digo que esta gente te hará daño, porque no son tus conversos. Un nuevo converso hará casi todo lo que le pidas que haga; son como esponjas; tienen un corazón para Dios. Los religiosos dicen: "En mi vieja iglesia no se creía en eso así que no tenemos por qué creer eso aquí," y traen problemas.

G.Mitchell: *"...y armó a sus criados, los nacidos en su casa, trescientos dieciocho...*(Génesis 14:14 RV60)." Ese es nuestro modelo para levantar guerreros.

W.Mitchell: Una vez alguien me llamó para contarme que un rebelde dejó la iglesia y se llevó gente con él. Le dije: "¿Por qué tiene más influencia que tú?" Debes ser más hábil y astuto que él; aventájalo y le ganarás la partida. Invita a las personas a una cena, invítalos a tu hogar y fomenta las relaciones para que puedas ganártelos por sobre aquel.

G.Mitchell: Lo hemos visto suceder una y otra vez con el correr de los años. Los hombres no escuchan; cualquiera que forme una iglesia con gente religiosa lo terminará pagando caro.

W.Mitchell: Se los decimos una y otra vez: "No queremos que formen la iglesia con gente religiosa." Esto también aplica en otros continentes, sobretodo en el tercer mundo donde ven que contamos con una agenda fuerte y que apoyamos a nuestros misioneros...vienen en masa.

¿Qué buscan en una ciudad cuando envían un hombre a pionar?

W.Mitchell: Mucha gente se hace la idea de que tenemos un mapa mundial el cual estudiamos detenidamente mientras le oramos. Pero hay ciertos factores naturales que también se dan: la conexión que una persona pueda tener, parientes que residan allí, que hayan vivido allí o visitado la ciudad, o quizá tienen una carga por ese lugar y trabajamos al respecto. Además, tiene que ser un lugar poblado.

¿Es importante el tamaño de la ciudad?

W.Mitchell: Sí, es importante. Se necesita que haya gente para que la iglesia pueda tener una visión de alcanzar almas y autoabastecerse. Una iglesia no se funda en una granja. Se tiene mucho más éxito en ciudades que están creciendo. Históricamente, cuando la gente mejor responde es cuando se han mudado a un área donde no tienen conexiones. Eso es así para todo, no solo en la religión. Los sitios más difíciles para establecer una nueva obra son las tradicionales ciudades de la costa este que funcionan a su manera. Por eso es que tienen esos problemas en las clásicas ciudades establecidas de la costa este. Las zonas más productivas se hallan al oeste, allí es donde crecen. La gente que llega por estos lados son los que más responden. La ciudad debería tener algún tipo de sustento económico. En el pasado hemos plantado iglesias en ciudades que hoy día no escogería porque las dinámicas no están allí. Se necesita una cierta movida estable de capitales tal como un centro de manufacturas, planta o fábrica para que la gente pueda conseguir trabajo. Cuando los hippies comenzaron a salvarse aquí apenas se podía comprar un trabajo en Prescott y todos estos individuos tenían cabello largo. Los vecinos solían agarrar a los hippies en el centro comercial y cortarles el cabello...no les agradaban. Uno de nuestros conversos al final se compró una peluca de cabello corto para poder conseguir un trabajo. Necesitas que haya cierto movimiento en una ciudad. Lo mejor es una ciudad en crecimiento pero no sería excluyente porque las otras posibilidades de conexiones también pueden hacer que funcione.

G.Mitchell: Históricamente nuestras iglesias más fuertes han sido las hispanas porque son muy receptivas al evangelio y tienen fuertes lazos familiares. La milicia es otro grupo de buena respuesta en parte por estar desarraigados y desconectados en la comunidad. Esos serían entonces los elementos a considerar al menos superficialmente: crecimiento, hispanos, la milicia, y la economía, pero ninguno de ellos descalifican a una ciudad si hay una carga genuina que da testimonio. Dios pone distintos deseos en los hombres. Hay algunos que detestan las grandes ciudades y otros que las aman. Pero si tan solo te fijas...a veces tenemos hombres sin una carga, no saben dónde ir, así que es una cuestión de estudiar algunos factores. Cuando fui a pionar a Australia, todos los que habían ido antes que yo tuvieron algún tipo de conexión con el lugar al que iban. Yo jamás había ido a ningún lado, así que tenía que elegir. ¿Y cómo elegí? Apliqué la lógica; reflexioné que no quería un pueblo de menos de cincuenta mil habitantes debido al tema de los números. En aquel momento pensé que una ciudad de millones estaría fuera de mi alcance, por eso decidí buscar algo entre cincuenta mil y quinientos mil habitantes. Eso redujo las opciones a tres en Australia en aquel tiempo. Entonces aplicando la lógica una mañana decidí que Launceston sería el sitio. Durante un almuerzo ese día alguien me dice: "Estoy orando por Launceston, Tasmania." Era una ciudad que jamás había oído mencionar hasta un día antes de verla en un atlas y ahora Dios confirma sobrenaturalmente mi decisión.

W.Mitchell: Buscamos trabajar con las cargas, pero también con el sentido común. Inevitablemente siempre habrá un pequeño inexperto que ha sido criado en pueblos rurales y te dirá que tiene una carga por la ciudad de Nueva Cork. No se le va a dar con el primer intento debido al factor económico. Por lo general, el desarrollarse toma tiempo; y en el ínterin inviertes miles de dólares. Entonces por eso no enviamos personas que nunca han sido pastores a otros continentes, porque están justamente en el proceso de desarrollar sus habilidades interpersonales, su predicación, tratando de aprender cómo ser un pastor.

¿Cómo o qué necesita desarrollar en la iglesia madre la esposa de un pastor antes de salir a pionar junto a su marido?

W.Mitchell: En primer lugar, simplemente estar predispuesta a seguir a su marido y trabajar en lo que fuere necesario. Te daré un ejemplo: Una vez un hombre que pionaba me llamó y me dijo: "Mi esposa no le está haciendo el seguimiento a estas personas, y tampoco prepara el informe mensual." Se había quejado de otras cosas también. Así que le dije: "¿A quién envié a pionar allí?" Me contestó: "Bueno, a mí." Luego le dije: "Bueno, entonces ¿por qué le impones todo esto a tu esposa?" Desde luego, las mujeres tienen aptitudes y eso está bien, pero ella fue llamada a ser tu esposa. Cuando la esposa de un pastor es dominante, su iglesia tendrá problemas; por eso se busca a un hombre que sea cabeza del hogar. Cuando estaba en mi primera iglesia no teníamos músicos, así que mi esposa, pobre, trataba de tocar el piano. Ella practicaba dos o tres canciones cada sábado y mi vida era un infierno vivo porque ella no era un músico. Finalmente dije: "Esto no funciona; olvídalo, cantaremos a capela." Traté de que intentase enseñar en la escuela dominical y ocurrió lo mismo. Ella trataba de hacer funcionar todo a la vez y no es su naturaleza, así que otra vez, un infierno vivo. De un momento a otro ella trabajó con los libros. Otra vez, soy una persona detallista y quiero saber: "¿Cuánto dinero tenemos en el banco?" Ella está cocinando, criando a los niños y demás y aquello no es lo suyo. Ella me dice: "No sé." Yo pregunto: "¿Cuándo lo sabrás?" Simplemente no funcionaba y entonces dije: "Olvídalo; tú cría a los niños y yo pastorearé." Ella me ha acompañado por todo el mundo satisfactoriamente; es una muy buena esposa: ha trabajado en la guardería, en consejería y ha sido un ejemplo como madre. Es una mujer muy exitosa como esposa de un pastor. He visto casos a la inversa en los que la esposa es la fuerza dominante y termina causando graves problemas. Tuvimos problemas en una iglesia: uno de los miembros del concejo me llamó y me dijo: "Necesitamos ayuda aquí porque cada vez que hay un problema o hay consejería el pastor deja que su mujer esté en el medio tomando parte en el asunto y en realidad es ella la que impone el ritmo." Cuando hablé con el pastor me dijo: "Mi esposa tiene sus opiniones." Sin duda que las tiene pero en esencia ella era la pastora y eso no es lo que tratamos de hacer. Una esposa podrá tener varios ministerios, varias influencias, pero cuando son muy fuertes y dominantes vas a tener problemas en la congregación.

G.Mitchell: Buscamos a un discípulo con una esposa amigable y flexible. De vez en cuando tenemos hombres buenos con los que uno quiere trabajar pero el problema es que la esposa es conflictiva; discute permanentemente y eso no funcionará. Lo segundo es la flexibilidad. Cuando la esposa pretende tener ciertas reglas en el hogar, como el tener que sacarse los zapatos cuando llegan visitas, etc. eso no funcionará en el contexto pionero. Son señales conflictivas. Por eso la mujer tiene que ser flexible, amigable y tener buenas relaciones; no tiene que preocuparse por los elementos del estudio bíblico y la consejería.

¿Hay algún llamado asociado a ser la esposa de un pastor?

W.Mitchell: Estar en el ministerio es realmente un deseo y no hay nada de malo en eso. También hay mujeres que sienten que han sido llamadas a ser predicadoras y simplemente buscan casarse con un hombre para poder llevarlo a cabo.

G.Mitchell: Es un deseo, no necesariamente un llamado; si el hombre no ha sido llamado, ¿entonces qué? Entonces tu matrimonio será un infierno.

¿Qué consejo se le daría al pastor de una iglesia pequeña?

W.Mitchell: Bueno, que no debe aceptar la idea de que fue llamado a ser el pastor de una iglesia pequeña. La visión debe ser alcanzar almas más allá.

¿Hay hombres que sean llamados a pionar y otros a tomar iglesias?

W.Mitchell: Bueno, tanto como un llamado no lo sé, pero algunos reciben el don de pionar más que otros. La gente es diferente.

G.Mitchell: Tenemos a hombres que hemos plantado y a quienes conocemos de haber trabajado juntos; algunos son un poco ásperos en líneas generales y carecen de habilidades interpersonales; sería un desastre si tomaran una congregación ya establecida. Es mejor que vayan a pionar y se enfrenten con la realidad de no tener gente para así moldear sus aptitudes sociales y luego podrán tomar una iglesia. Por otro lado está el factor confianza. Hay hombres que el mero pensamiento de empezar de cero les es abrumadoramente intimidante. Es mejor que tomen una obra con algunas personas que ya están orando...podrían trabajar en ello. No creo que eso sea tanto un llamado, ni tampoco está escrito en el cielo que seas llamado sólo a pionar o a tomar iglesias. Es la confianza, la capacidad y otras cosas con las que tratamos de trabajar.

¿Es el temor a la lucha el motivo por el cual algunos hombres no quieren salir a pionar?

G.Mitchell: Esto nos retrotrae al factor confianza. Aún trato con hombres, sea en esta iglesia o en otra parte, que están luchando con su llamado. He hablado con hombres que han sido salvos por treinta años y aún no saben si han sido llamados. No lo creo. Creo que tienes miedo o que no estás dispuesto a sacrificar tu orgullo. No creo que Dios haya perdido la voz durante treinta años y que de alguna manera no pueda comunicarte el mensaje. Sí, hay hombres que tienen temor de luchar. Por otro lado, hay otras personalidades como la mía que ven la actividad pionera como lo más apasionante del mundo entero. Ya desde el comienzo me resulta vivificante. Eso no quita que haya líderes en nuestro compañerismo que jamás hayan pionado, y es aceptable.

Muchas iglesias pioneras parecen estancarse en las treinta personas. ¿Cuál sería la razón, si la hay?

G.Mitchell: Habilidades interpersonales, habilidades interpersonales y habilidades interpersonales. Es el que dice: "Sólo tenemos treinta personas, pero son verdaderos comandos, son auténticos boinas verdes; tú sabes, el delta force de Jesús."

W.Mitchell: Un vez en un rally pionero, un hombre que había empezado hacía cinco semanas testificó: "Se salvaron tres personas, empecé a aconsejarlos y les dije que si iban a ser cristianos tendrían que morir. Al día siguiente uno de ellos me llamó y me dijo: 'No puedo hacerlo, pastor, no puedo morir de la forma en que nos dijiste.' Entonces le dije: 'Está bien, no necesitamos cobardes.'" No podrás formar una iglesia así. Algunos me llaman informándome que están estancados en las cincuenta personas, yo les pregunto: "¿Tienes clases de Escuela Dominical?" La respuesta es no, y entonces pregunto: "¿Cuándo vas a comenzarlas? Hay gente que necesita un estudio bíblico. ¿Tienes una guardería?" Entonces aparecen todos estos factores, y para colmo el edificio es demasiado pequeño o está oculto. A veces puede ser el pastor y su familia. Recuerdo hace unos años en que un hombre se había estancado en las cuarenta personas y vino con su esposa a pedir consejería. Parecían ser una linda pareja y todo parecía estar en orden, pero en la conversación el problema salió a la luz. Luego de cada servicio cuando regresaban a casa se ponían a analizar quiénes iban y a criticar a los hermanos que Dios les estaba dando. Entonces mediante la incredulidad estaban destruyendo exactamente lo que Dios quería hacer porque el prosperar una iglesia es en realidad una empresa arriesgada y de fe. Hay conversos que son imperfectos y la tarea del pastor es animarlos y hacer que se conviertan en algo que no son. Otro factor tiene que ver con el hogar. Un matrimonio puede lucir genial, pero detrás de escena la pareja no está unida. No se nota en absoluto, pero de alguna manera eso afecta la dinámica espiritual. Puedes ser el predicador más grande del mundo, pero si algo anda mal en el hogar, surtirá un efecto. Por eso Pablo dice: *que gobierne bien su casa* (1 Timoteo 3:4 RV60)."

G.Mitchell: Si te refieres al rango de los cincuenta, probablemente se tenga que hablar de las aptitudes para la predicación. El hombre no puede nutrirlas pasado ese número.

W.Mitchell: Si nada mana del manantial entonces no puede llenarse el balde. Debes analizar y observar constantemente si eres un predicador. Es un llamado total que significa que tu vida entera está dedicada a él. ¿Cómo llego a la verdad? ¿Cómo puedo acercarles la verdad a estas personas? ¿Cómo hago de esto una cuestión vital? Definitivamente debes cultivar la sabiduría. A través de ella Dios se revela y podrás estar capacitado para aplicar la verdad en un marco amplio para entonces poder comunicarla. Esto nos lleva a otro factor: en algún momento vas a necesitar desprenderte de tu empleo secular y entregarte de lleno al ministerio. Hay muchos hombres que rechazan vivir en un nivel inferior ya sea por las decisiones financieras o exigencias de la esposa. No puedes salir a cenar cinco veces a la semana, conducir el coche más moderno, tomar decisiones imprudentes y endeudarte hasta el punto de tener que trabajar todo el tiempo. Ese es el factor más grave de por qué hay hombres que pastorean iglesias pequeñas. No están predispuestos a auto disciplinarse e incurrir en el sacrificio necesario para desarrollarse. Se consumen por vivir al día y satisfacer sus necesidades materiales. No estoy siendo insensible ni diciendo que no quiero que tengan nada en la vida; se trata de las prioridades. No has sido llamado a un estilo de vida materialista; eres llamado a predicar el evangelio. Salvo que estés totalmente dispuesto a dar tu vida por él no prosperarás. Por lo general, prosperar lleva años; no es que comenzarás de entrada con cien personas y tengas que renunciar inmediatamente a tu empleo. Yo he conducido modelos de coches de hace diez años mientras me disciplinaba en las finanzas. Mi esposa se ha ajustado a nuestro presupuesto. No vivíamos del crédito y comíamos cosas básicas como jamón enlatado, guisos y mucho spaghetti. Mi mujer es muy frugal, se adapta fácilmente, y hemos criado a cinco hijos. Cosió y bordó un montón de prendas para las niñas. Por eso creo que es un factor esencial en una iglesia pequeña: llegarán a un punto en que la iglesia se sostendrá, y estarán contentos de trabajar y apoyar a su familia. En algún momento deberás tomar la decisión de sacrificar, reducir, y optar por un empleo de media jornada o entregarte de lleno al pastorado. He conocido a varios que han respondido al desafío y seis meses después han regresado a sus empleos porque les daba más dinero. No es que al cabo de seis meses la iglesia de repente aumenta a ciento cincuenta personas. Diría que ese es el problema por el cual tenemos tantas iglesias pequeñas. Una frase popular que extraje del ámbito denominacional es: "La razón por la que tenemos tantas iglesias pequeñas es que tenemos muchos hombres pequeños."

¿Qué cosas hay que puedan ayudar a animar a un pastor cuando se desilusiona? Parece que en el proceso de hacer una obra para Dios, las personas enfrentan obstáculos y luchan con el desánimo.

W.Mitchell: Básicamente debes aferrarte a Dios. Él tiene la solución, la respuesta y la dirección. Por eso tenemos la estructura que tenemos. Acabo de venir de un rally pionero anoche y el motivo por el cual lo iniciamos fue acercar a las iglesias pioneras a un ministerio de la dimensión del liderazgo que de otro modo no conocerían por ser pequeñas y estar aisladas, y no poder siquiera venir a las conferencias. El otro motivo fue para poder ministrar a los pastores. Yo limito la agenda de mi predicación hasta el punto de poder tocar fundamentalmente a los pastores. Eso es lo que vengo haciendo y hago la mayor parte de mi vida. Quiero impartirles un espíritu, un modelo o patrón de predicación que tenga sentido al que se puedan aferrar para brindar ayuda, y un modelo o patrón para su propio ministerio. Muchos de estos jóvenes pastores necesitan desarrollarse. Tratamos de invertir tiempo en formatos que nos permitan ayudar a estos pastores jóvenes. Voy a ir a predicar y a hacer una cruzada en Las Vegas y tendremos un grupo de tres o cuatro pastores con los que montaremos un poderoso mensaje; es vital enseñarles a preparar un buen sermón.

G.Mitchell: El desánimo es un fracaso o falla de la voluntad. Por lo tanto, el entusiasmo debe venir de allí mismo. Debes aferrarte a Dios. La Biblia dice: *"mas David se fortaleció en JEHOVÁ su Dios* (1 Samuel 30:6 RV60)." Otro factor son las relaciones; debes permanecer conectado con los hermanos. Y lo otro es el compromiso a la obediencia más allá de los sentimientos; si sólo puedes funcionar cuando te sientes bien entonces no funcionarás. Por eso la Biblia dice: *"portaos varonilmente* (1 Corintios 16:13 RV60)." En el huerto Jesús oró: *"pero no se haga mi voluntad, sino la tuya* (Lucas 22:42 RV60)." Hay un compromiso de la voluntad a la obediencia que libera el entusiasmo.

W.Mitchell: Yo padecí la enorme tentación de dejarlo todo a raíz de la división en los noventa, pero Dios trató conmigo para continuar aquello que me había llamado a hacer mientras seguiría cuidándome. No puedes bajar los brazos solo porque te haya sucedido algo malo o porque las cosas no resulten. La gente pregunta: ¿"Cómo haces para seguir?" Mi respuesta estándar es: "Tengo una relación con Jesús." Por sobre todas las cosas, debes tener esa relación personal con el Señor. Más allá de lo que suceda en la vida, Él es a quien debes obedecerle y hacer lo que te ha llamado a hacer. No todo se trata de ti; el Reino se trata de Él. Debes apreciar el panorama completo; debes ver en grande. En Salmos 73, el autor estaba a punto de resbalarse, hasta que al final va a la casa de Dios y recupera una perspectiva.

¿Qué es lo básico en un edificio?

W.Mitchell: La ubicación es importante. Tu intención no es ir a un lugar horrible donde nadie quiere ir. No abras una iglesia en un ghetto. Debes establecerla en un barrio de trabajadores y formarla con gente trabajadora. Gozarás de un sano progreso al trabajar con gente bienintencionada mientras son moldeados, y a la vez la salud de la congregación les será de gran ayuda para prosperar de allí en más. La Biblia dice: *"Y gran multitud del pueblo le oía de buena gana* (Marcos 12:37 RV60)." Eso es a lo que aspiramos.

G.Mitchell: Aumentará tus chances de reunir a más personas en lugar de limitarlas. Nuestras iglesias han sido históricamente de clase media a clase media baja. Esos son los típicos estratos en los que edificamos. Tenemos a algunas personas de clase media alta y acaudaladas que vienen y también alcanzamos a zonas indigentes pero la clase media es con la que principalmente trabajamos y la que le da sentido a lo que hacemos.

W.Mitchell: También es importante que levantes los papeles, residuos y la basura que hay en el suelo en general, para que no luzca mugriento. No te imaginas la cantidad de pastores que descuidan e ignoran la limpieza. Otra cuestión son los reglamentos o leyes de urbanismo; es mejor firmar un contrato de arrendamiento mes a mes de ser posible para estar seguro de que puedas rescindir en caso que tengas que cerrar el edificio. Hay algunos que pueden estar años sin siquiera contar con un permiso de ocupación (o inquilinato); mientras que a otros les llega una advertencia al minuto de colgar el cartel. Cada ciudad es distinta. En lugares como Los Ángeles, solicitar un permiso de ocupación cuesta diez mil dólares...sólo la solicitud. Y ya saben que no te lo darán porque no quieren iglesias allí. Las ciudades no quieren iglesias en los edificios a causa de los impuestos; prefieren las compañías de negocios.

¿Hemos cosechado buen éxito al establecernos en hoteles?

W.Mitchell: Yo no diría que fue un gran éxito pero es mejor que nada. Repito, te animamos a utilizar tu hogar para comenzar un estudio bíblico, a testificar en tu barrio o en tu complejo de apartamentos y así lograr los primeros salvos. No esperes una gran oportunidad de oro. Tan pronto como sea posible necesitas un edificio para inaugurar una guardería dado que las familias jóvenes son las más receptivas a nuestro ministerio y es necesario controlar los gritos de los más pequeños fuera del auditorio. Necesitas disponer de mil doscientos a mil quinientos pies cuadrados.

G.Mitchell: La visibilidad, la distancia, el peligro y los factores socio-económicos también cuentan en un edificio.

¿Existe algún parámetro de referencia para establecer en cuánto tiempo una iglesia pionera debiera tener un determinado tamaño?
G.Mitchell: No porque son sólo números y el diablo no coopera.

W.Mitchell: Luego de dieciocho meses el pastor pionero tiene la opción de regresar a la iglesia madre con una buena actitud por redirección y para ayudarnos aquí.

G.Mitchell: Pero eso es simplemente un parámetro. Eso depende exclusivamente de la persona y hay muchos factores. No queremos que terminen cometiendo locuras, pues el vacío a largo plazo les genera un mal. Así que no es automático esto de regresar al cabo de los dieciocho meses; simplemente nos da un parámetro, una pauta. Es una motivación para la persona saber que no se quedará allí para siempre. Si está cómodo económicamente no estará motivado. Algunos hombres vienen teniendo diez personas desde hace diez años, de las cuales seis son su familia. ¿Cómo es posible eso? Podría estar contribuyendo a un bien mayor en la iglesia madre. Entonces es un parámetro pero depende de la persona. Si no se mantiene en contacto es una mala señal y a los dieciocho meses comenzaremos probablemente a presionarlo porque está perdido en el espacio.

W.Mitchell: Y no debes olvidar que este es nuestro parámetro para Prescott. Cada iglesia local tiene su propia preferencia. A veces dejamos a la persona en el lugar simplemente porque no tenemos un reemplazo.

G.Mitchell: No se trata de una regla universal sino más bien de reconocer que no se puede dejar a un hombre sin progreso para siempre...no es saludable en ningún modo.

W.Mitchell: Comienza a pensar que la plantación de iglesias no funciona, que ha sido tomado por equivocación o que no es su llamado. Una vez un hombre me dijo que su ministerio estaba destinado a la fertilización (no a la cosecha).

G.Mitchell: En una oportunidad me han preguntado con toda sinceridad: "¿Realmente crees que Dios envía a algunos hombres a ciudades simplemente como un testimonio para juzgarlas?" Por supuesto, el que me preguntó esto tenía una iglesia pequeña. Debido a la esterilidad del largo plazo se había inventado su propia teología. En Australia, cuando pionaba, me rebelé contra eso. Había unos cuantos pastores con dificultades y lo que oíamos una y otra vez en su predicación eran todas las escrituras para justificar porqué no puedes creer ni por un instante. ¡Rechazo eso! No se alinea con la Biblia.

W.Mitchell: Reavivar la fe y aleccionar algunas de estas mentalidades constituye otro motivo para hacer rallies pioneros. La actividad pionera es una propuesta de fe.

¿Existe algún parámetro para indicar el momento en que un hombre debiera renunciar a su empleo y entregarse de lleno al ministerio? ¿Es un número como decir sesenta personas o tiene más que ver con los ingresos de la iglesia?

W.Mitchell: Depende de la demografía de una ciudad y de cómo es su economía. Algunos sitios son extremadamente costosos y requerirás de un grupo considerable de personas antes de que cuentes con los ingresos suficientes para entregarte de lleno. Pero la respuesta a la pregunta es lo más pronto posible. Debes animar al obrero a que se proponga esa meta. Jamás edificarás una iglesia sin sacrificio. No enviamos hombres al campo misionero para morir pero la persona debe estar dispuesta a hacer un sacrificio el cual por lo general redundará en una reducción de su estándar de vida. Antes de enviarlos les preguntamos qué tipo de deudas tienen. Con lo cual, si están suscriptos a un plan de cuotas para comprar un automóvil tipo quinientos ochenta dólares al mes, y miles a cuenta con la tarjeta de crédito, ya te auto descalificas.

¿Qué tan pronto debe un pastor pionero predicar sobre el dinero?

G.Mitchell: Yo diría que al año ya puede predicar sobre el dinero. Puede darse en el formato de una instrucción previa a la ofrenda, en un estudio bíblico, o quizá en un sermón, pero el énfasis debe estar en la bendición de la obediencia. En otras palabras, en una obra nueva no predicarás: "¿Le robará un hombre a Dios?" o "¡Arderán en el infierno si no diezman!" En líneas generales, lo mejor es contar historias acerca de la provisión de Dios que animan y conmueven la fe. Dicho esto, a menudo cuando un hombre busca la autonomía y predica sobre el dinero encuentra cierta resistencia y entonces se abstiene de seguir. Ese hombre nunca saldrá adelante. Es mucho más que juntar dinero. Recuerdo muy bien cuando era discípulo en Perth, papá predicó sobre el dinero una mañana y encontró resistencia. Entonces, llegada la noche volvió a predicar sobre el dinero. Por supuesto, aquella no era una iglesia pionera; estaba tratando de derribar una fortaleza. He visto cómo sabe imponerse en los llamados al altar cuando encuentra resistencia.

W.Mitchell: Cuando predicamos sobre el dinero hacemos llamados al altar. Predicamos por un veredicto. El primer avivamiento que tuve en Prescott fue con John Metzler, quien predicó sobre el dinero todas las noches y presidió la ofrenda además de la ofrenda regular recibida. Atribuyo los avances y logros que hemos experimentado y las dimensiones que hemos establecido en esta iglesia al comienzo de aquel avivamiento.

¿Cuán importante es instituir la alabanza en la iglesia pionera?

W.Mitchell: En un avivamiento Al Fury contó la anécdota de que tenía dieciséis personas a las que trató de convencer de alabar a Dios. Le dijo a la congregación que si no alababan a Dios iban a tener que buscarse otra iglesia. Al servicio siguiente no vino nadie. Por eso confesó haber aprendido que dieciséis personas que no alaban a Dios es mejor que cero personas alabándole. La sensibilidad, la orquestación y los tiempos son parte de la realidad de la vida. Se necesita luchar por ella. Hay cosas por las que debemos luchar, o no las tendrás. Debemos luchar por la oración, por el dar, por la alabanza y todo lo demás, y serás resistido. Asimismo, debes proveer sustento bíblico. Muchos quieren que las personas hagan cosas pero nunca proveen fundamentos bíblicos.

G.Mitchell: El equilibrio es la clave. Es importante para el pastor y su esposa instituir la alabanza. Es importante predicar sobre la alabanza. Pero en el otro extremo he visto a muchos que sólo tienen tres personas y alaban a Dios durante diez minutos a voz suelta en un frenesí neo-nazi, golpeando el púlpito: "Suenan como muertos religiosos."

W.Mitchell: El primer camino hacia la lucha es a través del ejemplo. No vendrán a orar si tú no oras; lo mismo sucede con la alabanza y la ofrenda. En nuestra iglesia puede observarse el aporte de los obreros al momento de la ofrenda. He estado en lugares donde jamás pasan el canasto por la plataforma porque no hay nadie allí dispuesto a dar. Algo está mal allí; debes dar el ejemplo. No importa donde vaya o cuán tarde regrese a casa, siempre voy a la oración la mañana siguiente. En Perth, solía aterrizar a las tres de la madrugada e iba a la reunión de oración de esa misma mañana. Es muy importante, la gente debe saber que los obreros en la iglesia oran.

¿Algunas consideraciones finales?

G.Mitchell: Estos son los tres factores más grandes que veo: uno es la fe: jamás he visto a un hombre que tiene un éxito tremendo en un avivamiento estar lleno de incredulidad. Un hombre de fe jamás te dirá cuántos demonios por metro cuadrado hay en su ciudad; él le cree a Dios. He visto continuamente a hombres que argumentan motivos por los cuales no pueden tener un avivamiento en su ciudad y se debe simplemente a su incredulidad. Segundo, las habilidades interpersonales son un factor de vital importancia y ya hablamos de eso. Tercero, es lo que yo llamo dominio. El pastor Mitchell previamente lo denominó una dimensión sobrenatural. Hay un elemento que es parte de la actividad pionera y es la guerra espiritual. Los obreros llaman y dicen: "Pastor, cada vez que gano a un salvo viene un religioso y me lo arrebata (o lo que fuere que se apodere del nuevo converso)." Tiene que haber algo dentro de uno que se alce, se imponga y diga: "Esto es del infierno." Tiene que tocar a Dios, marcar el camino, abrirse paso y avanzar; combatir al enemigo echándolo fuera y así establecer dominio. El pionar está muy emparentado con el dominio. ¿Y cómo se hace para establecer dominio? No podría especificártelo en términos de cantidad: si oras tantos minutos, si lees tantos otros minutos, si haces esto tendrás dominio. No. Puedo contarte lo que yo he hecho y lo que vi hacer a otros, pero más que nada es un espíritu que dice: "No voy a dejar que el diablo triunfe y arranque a estas personas." Una de las historias más clásicas de todos los tiempos es la de Mark Aulson que va y le dice al pastor Mitchell: "Les testifico a las personas todo el tiempo y no puedo lograr ni un salvo." Y papá le dijo que ayunara. Mark ayunó durante tres días pero nada cambió. Cuando volvió para quejarse le dijo que ayunara de nuevo. Y entonces ayunó de nuevo. Al final del ayuno al tercer día se fue a trabajar y una señora acudió a él (Sue Rush) para consultarle sobre la salvación y se puso a orar con ella. Luego trajo a su novio y a varias personas más que se han salvado y que están en la iglesia hasta el día de hoy. Ese es un ejemplo de cómo se establece dominio. Mark tocó a Dios. Ahora, eso no necesariamente significa que la clave sea hacer ayunos consecutivos de tres días para poder establecer dominio. Oirás al pastor Mitchell decirle todo el tiempo a los pioneros: "¡Más bien vayan y busquen a Dios!" Por lo tanto, tenemos un triple soporte: jamás verás avances si no le crees a Dios. Si no posees habilidades

165

interpersonales para tratar con la gente acabarás echando a todos aquellos que Dios te acerca. Y por último la dimensión sobrenatural o dominio desde el cual operan los factores espirituales y no el diablo.

W.Mitchell: No hay duda de que somos únicos. Nos hemos unido armoniosamente para alcanzar al mundo y hay una gratitud y un reconocimiento reales por la iglesia madre. Nos ayudamos mutuamente sin el temor de que otra iglesia venga a hacer proselitismo para despojarnos de nuestro mejor músico y líder de discípulos. Hay una cuestión de ética que está arraigada a nuestra mentalidad. En nuestro compañerismo hay muchos puntos de referencia que a veces se dan por sentado y se los toma como algo normal. Por ejemplo, el sólo hecho de ver personas salvarse. La gente no se da cuenta lo raro e inusual que eso es. Vemos personas sanarse.

Recuerdo estar en la Escuela Bíblica cuando me tocó asistir a una clase de sanidad divina en el Angeles Temple donde todo el movimiento Cuadrangular se inició a partir del ministerio de sanidad de Aimee Simple McPherson. Mientras el profesor hablaba sobre los milagros de sanidad, un viejo que caminaba por los pasillos se puso a escuchar detrás de la puerta y dijo: "Sí, pero ya no creemos más en eso. Ahora es sólo una doctrina aquí." Y entonces, vemos gente sanada, salva y transformada. Es un gran punto de referencia para los salvos de este compañerismo. El mundo religioso no lo ve.

G.Mitchell: Anoche uno de nuestros discípulos hizo un evangelismo por el barrio al que denominó "fiesta barrial (o de barrio)": invitó a salir a los vecinos y hubo comida y música. Había setenta y cinco visitas. Entonces predicó e hizo un llamado al altar y se salvaron trece personas. En el mundo religioso hay pastores que jamás han visto a setenta y cinco visitas en su ministerio entero.

W.Mitchell: El número de almas salvas es directamente proporcional al número de personas confrontadas con el evangelio. La premisa básica del evangelismo es ir más allá de las cuatro paredes de la iglesia.

G.Mitchell: Muchos hombres pueden llenarse la boca con su llamado, pero ¿están involucrados en el evangelismo? Este muchacho que organizó el evangelismo barrial, junto a su esposa, se han comprometido a trabajar con personas. Están experimentando el camino pionero a pequeña escala. Está creciendo y aprendiendo las habilidades interpersonales de la vida real, tratando a diario con las personas. Eso no lo aprendes en una clase. Estar involucrado en el ministerio es clave en el discipulado, por eso me encanta el ministerio de recitales semanales; es un escenario de entrenamiento para los pioneros. El líder de dicho ministerio viene y me dice: "No hemos tenido visitas ni gente salva durante dos semanas."Y le respondo: "Bueno, ¿y qué harás al respecto? Si estuvieses pionando y nadie se estuviera salvando, ¿qué harías al respecto?" Entonces se levantan y convocan a un ayuno, un evangelismo extra, o lo que fuere. Todos los líderes de los recitales en algún momento acuden a mí a decirme: "La gente no ora lo suficiente, etc." Yo pregunto: "¿Qué quieres hacer al respecto?" Típicamente, dicen que quieren convocar a una reunión y poner las reglas en claro. Me río mientras les explico que en una iglesia de cuarenta años de antigüedad habrá gente que prestará atención por cortesía durante dos segundos y luego se desconectarán. Otros se te resistirán por despecho poniéndose en tu contra, y no verás más que un infierno de allí en más. Quizá un par de nuevos conversos presten atención y se pongan a trabajar contigo. En lugar de dar órdenes, qué tal si te acercas a esas personas y les dices que las necesitas. Eso es tomar posesión. Diles: "¿Han notado que la oración escasea? ¿Qué podemos hacer para solucionarlo? Necesito su ayuda; ¿qué puedes hacer para ayudarme?" Esta es una herramienta de las relaciones social y una capacidad pastoral. El director o líder de un recital vendrá y dirá: "Hay visitas y creo que debería hacer el llamado al altar ahora." Con lo cual aprende a ser sensible, ¡se aprende! Yo no tomaré la decisión por él. Cuando dan el paso y ven que funciona hay algo que es puesto dentro de ellos. Una noche tuvimos un recital en el que un puñado de visitas llegó justo luego del llamado al altar. Entonces el líder me dijo: "Me parece que podríamos pedirle a las bandas que toquen un poco más." Hizo eso y al segundo llamado al altar otras seis personas fueron salvas. En conclusión son esas las cosas que revela la participación ministerial: Si tiene sensibilidad, si hay una preocupación o interés, si se puede humillar en el instante en que preferiría aniquilar a todos, y si incorporará todas estas cosas o no. Esa es la hermosura del discipulado. Las cosas se van depurando con el tiempo.

¿Un comentario para cerrar?

W.Mitchell: Realmente se hace más fácil cuando te agrada trabajar con personas. Realmente se hace más fácil cuando a la esposa del pastor le agrada trabajar con personas. Estamos en el negocio de las personas, con lo cual, si no te agradan, no funcionará.

Acerca del autor

David J.Drum posee alrededor de veinte años de experiencia ministerial junto a los Ministerios del Compañerismo Cristiano; sirviendo como pastor, como evangelista internacional y misionero durante cinco años en Soweto, Sudáfrica. David reside con su esposa Hilda en El Paso, Texas. Para más información visite www.davidjdrum.com

Agradecimientos

Fue Matt McDonald quien me dio la idea inicial para hacer este libro y agradezco su apoyo a lo largo del camino. Quisiera agradecer al pastor Mitchell por la oportunidad y a Greg Mitchell por corregir y revisar el texto.

Gratitud a mi maravillosa esposa Hilda por la paciencia y el apoyo con el proyecto; ella ha transcrito la gran mayoría de los sermones para el libro.

Gracias a Ed Kidwell de Kidwell Publishing por acompañarme en todo el proceso del editado y la publicación; a Luke Gallegos por el diseño de tapa; también quisiera agradecer a todos aquellos que leyeron y releyeron partes del libro cuando estaba en sus inicios.

Gracias a Jonathan Hirsch por la traducción.

Otros títulos del Kidwell Publishing disponible a través de su librería favorita o en línea en: www.kidwellpublishing.com

Muerto Dos Veces ("Twice Dead" in Spanish)
By David J. Drum
ISBN: 978-0-9817634-6-0
Cuando Román Gutiérrez tenía once años, su padre murió por una sobredosis de heroína. Román ha resuelto, en su ira y su dolor, que algún día Dios se lo llevará de la misma manera. Se convirtió en un adicto, un año más tarde se fue a la detención de menores por robar, e intento de suicidio al año siguiente. A los quince años se metió en una pelea y fue declarado muerto por seis minutos. A los diecinueve años que fue apuñalado por su mejor amigo, y declarado muerto durante cinco minutos. Cuando Román tenía veinticinco, se injectó toda la heroína que tenía para que su tormento se acabaría ... y se dió cuenta que no quería morir. Fué entonces cuando ocurrió un milagro ...

Still Taking The Land
By David J. Drum
ISBN: 978-0-9817634-9-1
The Christian Fellowship Ministries (CFM) began as the desire of Pastor Wayman Mitchell to put into practice the principles of discipleship, evangelism, and church planting outlined in the Bible. After forty years, there are more than 1,800 CFM churches in 125 countries, with more being planted each year. This volume presents the experience and principles that have guided CFM growth, and a firsthand interview with straight answers to important questions for both those who feel the call of God to enter the ministry and those pastors who are raising up and sending out new workers.

Twice Dead: The True Death and Life Story of Roman Gutierrez
By David J. Drum
ISBN: 978-0-9856041-0-3
When Roman Gutierrez was eleven years old, his father died from a heroin overdose. Roman resolved, in his anger and his pain, that someday God would take him the same way. He became an addict, a year later he went to juvenile detention for stealing, and attempted suicide the year after that. At fifteen he got into a fight and was pronounced dead for six minutes. At nineteen he was stabbed by his best friend, and pronounced dead for five minutes. When Roman was twenty-five, he shot up all the heroin he had so his torment would end ... and realized he didn't want to die. That's when a miracle occurred...

(Continued on next page)

Spiritual Power: How To Get It, How To Give It
By Don W. Basham
ISBN: 978-0-9817634-8-4

With over 125,000 copies in print, this book has been the authoritative guide on the topic of the baptism in the Holy Spirit with the evidence of speaking in tongues for approximately four decades. Author Don W. Basham neither denies nor ignores any of the controversy surrounding speaking in tongues. Instead, he provides a firm scriptural basis for those who might have questions or doubts about tongues, and encourages anyone interested how they can personally experience the blessing God offers through the baptism in the Holy Spirit with the confirming evidence of speaking in tongues.

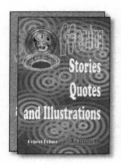

Offering Stories, Quotes, and Illustrations
Volume 1 & Volume 2
By Robert Polaco
ISBN: 978-0-9817634-5-3 & 978-0-9817634-7-7

These two volumes are a compilation of almost 600 offering stories, quotes, and illustrations that inspire people to liberality. These illustrations often include supporting scriptural references, and each entry includes a line where one can choose to write in where or when it was used. These are must-have companions for any pastor or church administrator.

The Pilgrim's Progress – Part I and Part II
By John Bunyan
ISBN: 978-0-9817634-3-9

This timeless class of John Bunyan "delivered under the similtude of a dream" captures the hearts and minds of readers with Bunyan's depth of understanding and scriptural knowledge, as well as his subtle comedy and witticisms.
This edition contains both parts of Bunyan's tale, including all of the original scripture references in an easy-to-read format.

Freedom To Choose
By E. L. Kidwell
ISBN: 978-0-9817634-1-5

Visit the Kingdom of Heaven before Earth was created. Enter the throne room of God, and experience the events before time began. Discover the secrets of why hell's chief accuser betrayed the love and perfection of His Creator, and set himself to destroy the race of mankind in seething hatred. Enjoy this thought-provoking drama as it brings to life the Genesis account of the Bible.